禪海蠡測語譯 下

南懷瑾 原著／劉雨虹 語譯

南懷瑾文化

目錄 contents

上冊

目錄
contents

目錄
contents

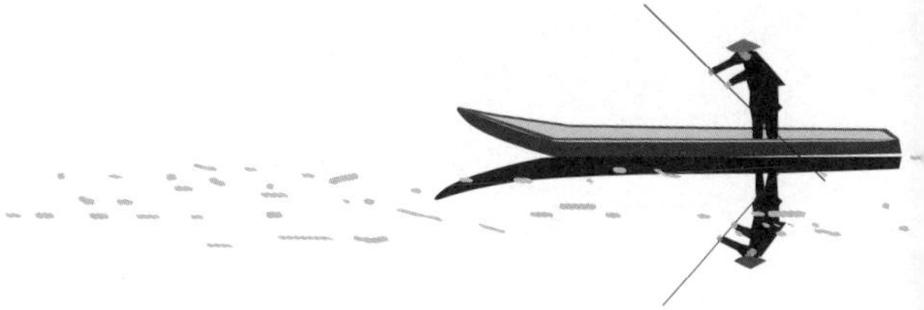

下冊

目錄
contents

禪宗與淨土

佛法的淨土宗，是在佛法傳入中國後，最早創建的宗派。自從晉朝的慧遠法師在廬山創設白蓮社，以後歷代相續，在社會上極為普及。

淨土宗雖然並不像禪宗一樣，有法統的傳承，但是，淨土宗的宗師們，多數都是極有修持的大德名僧，世人也公認他們的修行成就。他們對於千多年來，宏揚佛法，維繫佛教方面，功勞非常巨大。

自從禪宗興盛以後，修持方法和教化事蹟，似乎與淨土宗相違背，因為淨土宗的方法，是始終貫徹信、願、行的法則，而禪宗則是掃除所有的方法，甚至連有形相的佛都不要。

表面上來看，禪宗和淨土宗，好像涇渭一樣的分明，實際上，這是那些不瞭解佛法的宗徒們，擔板漢的片面看法。禪宗和淨土的區別，大約有三派說法。

一、贊成禪宗的人，認為淨土法門是下愚的見解，因為淨土法門的修法，是要仰仗他力，希望死後往生西方極樂世界。但這也不是修行的最後成果，況且，法界同體，自性就是佛，藉他力往生，是不究竟的。

二、贊成淨土的人，認為學禪的宗徒們，要恃自己的力量，即生成佛，簡直不是魔就是狂，因為眾生自從無始以來，業力習氣太厲害了，功德沒有到達聖人的境界，怎麼可能頓悟成佛？還不如持名念佛，發願帶業往生，到了西方親近彌陀，然後修成正覺，才是穩當可靠的方法。

三、調合雙方的人，認為禪淨雙修，是最穩妥的方法，他們的見解，又分為兩種：

（一）如果念佛時，念到無念而念，念而無念，可見自性彌陀，成就唯心淨土。

（二）如果達不到唯心淨土，必可以乘願往生，花開見佛，立證菩提。

贊成禪宗的人，認定了古德所說：「念佛一聲，擔水洗三日禪堂」、「佛之一字，吾不喜聞」等語，這些人執著這些話，死死認定，食古而不化。贊成淨土宗的人，聽說禪宗的話，即心即佛，心中很害怕，對於禪宗，好像仇敵一樣的。

到了宋代，永明壽禪師提倡禪淨雙修的方法，曾作四料簡偈語，自此以後，調和禪淨兩宗的論調，大為流行起來了。到了元代，禪宗叢林提倡在參話頭時，用「念佛是誰」作為話頭去參，於是，禪淨雙修以外，另創一個新的格調，並且成為禪林永久的規範。

現試討論這些見解如下。

淨土究竟論

在佛經之中，專門討論彌陀淨土的經典，共有三部，另外還有一部論，就是《大乘起信論》。三部經是《無量壽經》《阿彌陀經》以及《觀無量壽佛經》。

《無量壽經》，一般稱為淨土宗大本經典，述說阿彌陀修行的經過，在彌陀修佛成功以後，救度所有十方修念佛法的眾生，凡是念佛的眾生，臨終都可往生彌陀的國土，稱為西方淨土。這本經所適應的對象，凡聖都包括在內，在凡夫來說，包括了上、中、下三根，除了犯五逆之罪的人，以及誹謗正法的人外，其他都可以被救度。

《阿彌陀經》，一般稱為小本經典，此經是描述西方淨土，依報和正報的莊嚴情形，教人持名念佛，只要能達到一心不亂的境界，就可以往生西方了，這是本經的重點。這本經所適應的對象，是純粹虔誠篤實的人，那些小善根福德因緣的一類人除外。

《觀無量壽佛經》，適應的對象最為廣大，連那些犯了五逆不赦大罪的人，臨終時，受極端痛苦折磨，只要誠心稱佛名號十聲，就可以往生西方淨土。有人也許會懷疑，那些犯了十惡五逆大罪的人，一點善根都沒有，怎麼能夠感應到佛來接引他呢？而且這也與淨土宗的教義相違背。

可是，在《華嚴經》裡，〈隨好光明功德品〉中說，在阿鼻地獄中的受苦眾生，如果夙根成熟，就可以藉著光而頓超。既然連在阿鼻地獄中的眾生機緣成熟，還可以蒙光頓超，況且佛經上說「三界唯心」、「心生種種法生，心滅種種法滅」，人世間惡逆的人，臨終能夠悔改，一念回心，已經與佛心相應了，再蒙光接，是絕對沒有問題的。

實際上，淨土宗對於上、中、下三種根器的人，一概是適應的。在西方極樂國土中，多的是後補佛位的大菩薩們，或者是不退轉地的菩薩們。在華嚴會上，菩薩多得如雲，達到等妙二覺的菩薩，也像雨點一樣多，可是在這個華嚴會上，最後的一會，大家都迴向淨土。如果說這只是方便的說法，那是不正確的，因為佛是不妄語的，如何會說不實的話呢？

要知道，淨土因緣，實在是極為深奧微妙的法門，連多劫薰修菩薩道的人，都不能瞭解，何況用普通情形加以推測，更是不可能了。欲明白有關淨土的事，現略加分析說明如後。

一、為什麼說極樂淨土是真實存在呢？要瞭解這個問題，必須要瞭解天文學，再參酌佛法，就可以明白了。

在太空、太虛中間，有許多星雲聚集，每一個星雲，都附有許多星球，這些星球之間，就是所謂物理世界。

像我們人類生存的地球，是屬於太陽系星雲中的星球，這個地球是這個系統中最小，壽命最短的星球。這些無數無量無邊的星雲，按照佛的說法，是繞須彌山而行。

關於須彌山的問題，以往許多說法，可信性不高，有天文學家阮印長，在他所著《造化通》中說，須彌山就是太空中的銀河。

有人則認為，須彌山就是假設的宇宙中心，因為隨順世俗的說法，而用山來代表，就好像科學界有地軸的說法一樣，其實，地球哪裡會有一個幹軸呢？

所有的星雲，都依住在太空，太空則依著本體（佛稱如來藏）而存在。

按照前面的天文宇宙道理來看，如果說極樂淨土是真實存在的，一定是在太虛中另一個存在的世界。人的智慧有限，連自己生存本土的地球，國土疆宇，是否已經全部發現，還有疑問，更何況超過形器世界以外的世界呢！

至少不能夠說它一定不存在吧！

二、淨土法門認為，持名念佛，一心不亂，即可往生淨土，為什麼？又說佛光能來接引，又是為什麼？如果要瞭解這個問題，必須借用光學和力學的道理，再參酌佛法，才能夠明白。

首先要瞭解的，所謂佛這個名字，包涵了「體」和「用」合一的意義，這個問題，在前面也曾談到過。

佛的「體」，就是如來藏性，就是法身，也就是宇宙萬有的本體。佛的「用」，就是報身，就是化身，就好像釋迦、彌陀等，就是各別的應化身一樣。

其次再要瞭解的，就是如來藏性表現為力，表現為光的情況。最初，如來藏性表現有常寂光，這個常寂光，沒有形相。在宇宙萬有的法界中，一切塵塵物物，都會有這個常寂光。即使世界形器壞掉了，這個常寂光仍然是不滅的（參看〈心法與光〉篇）。

常寂光靜久則動，在它初動的時候，快速無比，就發出光明，因為有了光明，有色的光也產生了。粗看起來，這些光是無形的，實際上，光波卻在搖動不停，而且速度極快，科學家用光的速度，來計算路程的距離，稱為光年。

在地球高空以外的外層空間，是黑暗的，但是黑暗也是一種有色的光，算是黑色的光，也有它光波的振動，而且，黑色光快速的程度，今天的科學還沒有瞭解。

超過外層空間的黑暗光層，一定另有一存在的色光世界。太虛中間，是純粹被光所照耀的，雖然光色不全相同，但是它們都是光。

光能夠發熱，有熱就有力，光與力都是依賴本體法爾（自然）功能而生，都是包涵在常寂光中。

宇宙萬有眾生的心身性命，本來就是如來藏中的一環，是本體所生，所以，眾生的心，也和如來藏一樣，具有足夠的光與力（參看〈心法與力學〉篇）。

眾生念佛的時候，如果能夠專精，達到一心不亂的境界，自心的光與力，也就能專精統一，進一步，就可以與佛的常寂光接流，產生感應。

再加上念佛人和佛，兩方面的相互憶念和吸引，於是，臨命終時，身體這個形器毀壞了，常光現前，更有彌陀救度眾生的願力，與念佛人往生淨土的願力相呼應，自然能夠乘藉無比快速的常寂心光，不消彈指間，就可往生西方淨土了。

所以，阿彌陀的本來意義是——無量壽光。

三、如來藏性中，光與力是極微的，物理上所說的電子、原子，還不是最微小的，因為原子、電子雖然微小，但仍是一個點，是一個單位。

心光覺性，是靈知昭昭的，是無相無形的，是遍含於宇宙萬類的。心光覺性，往來翕闢，實在是萬物的主宰，佛法稱這個為「心」，而心與物，二者本是同體的。

所謂的體，是心與物往來翕闢而互為因果的，彼此相成相滅，永遠輪轉不變，又是實相無相。實際上，沒有適當的名稱可以代表，勉強用「體」這個字，代表它的意義。

當「心」起用的時候，生出了具有光和力的功能，佛法稱這個光和力的功能，為帶質。心起用時，具帶質而生。

願力的念頭起來時，便是「心」的動用表現，在「用」表現出來時，光和力都具備了。所以，願力存在的時候，世界形器就會造成而保持。佛經上說，人類生存的娑婆世界，是眾生的業力所成，而極樂淨土世界，是彌陀願力而造成的。

所以，如果發願往生淨土，一定先要信心堅定不二，使得自己的願力，和彌陀的願力膠結起來，成為一體，在臨終的時候，就必能往生淨土，絕對沒有問題。

四、如來藏性，本來是以「空」為「體」，以「有」為「用」，在〈生死之間〉的一章，已經談到過。在「用」時，「體」就在「有」中，在「空」時，「有」就在「體」中，好像稱翕闢為陰陽一樣的不可改變。空與有像陰陽一樣交互輪轉。

《華嚴經》所說法界重重無盡，是指法性功能的起用，也就是真空的妙有。體入於用時，全體就是純真的，這個程度，雖然是已入初地的菩薩，也不能完全瞭解，而會有所懷疑的。如果程度已入妙覺境界，則觀空時就沒有這個有，但這個境界，只解決了一半問題，「空」與「有」沒有全部透澈。

所以，比較簡單容易修行的，仍是淨土念佛法門，只要念佛的人，不論是凡夫或者聖人，能夠單提一念，專心不亂，必定可以成功，所以說：「凡念佛者，千句萬句，即是一句，前句已滅，後句未生，當念一句，剎那不住。念佛之心，不緣過去，不緣未來，但緣現前一念，以為往生正因。此是萬修萬人去之法也」。

五、如果能夠一心不亂，只緣現前的這一念，其他都不要管，就可以達到制心一處。心一境性的禪定要法說：「一念萬年，萬年一念」，如果能夠這樣想，這樣做，必定可以得到無上殊勝的定境。只恐怕修行的人們，如要想住空修定，結果心念如下雨一般散亂；如要執著修定，又不能集中精神專一，結果無論修淨土，或禪宗，都辦不到。

要知道，人在臨終的時候，所有的痛苦都逼到自己身上來了，如果平時沒有熟練的工夫，那時，一定身苦心亂，自己的力量一點也用不上，如果能夠達到念念專一，誰敢說不能往生淨土呢！

禪宗究竟論

禪宗的修行方法，是從參究自心作為入門，知道了「三界唯心，萬法唯識」的道理，就要用擒賊先擒王的辦法。心識就是所說的這個王，一旦把心識擒住，則本體自性，自然就立刻顯露出來了，就如長久在外流浪作客，回家以後，依然故主一般。

眾生與佛，從無始以來，原本是同體的，因為逐漸在不知不覺間，忘掉了本來的妙明清淨，跟隨著無明流轉，沉淪不能自拔。等到有一天，忽然掃盡塵土，顯露出本來的光明，性心自然還是依然故我，並未改變。所以，學禪的人說「明心見性」。

明心見性，就是明此心的妙用靈光，見此性的寂然本體。既然見到了自性，就是見到了本體，十方三世諸佛與一切眾生，本來就是同體，所以一切來龍去脈，統統見到了，這就是永嘉說的：「諸佛法身入我性，我性還共如來合」。

有人說，學佛的道路極遠，經上講得很明白，一定要薰修無量功德，經過三大阿僧祇劫，歷經四十一位，還要一步一步登上菩薩的十地階段，最後才能夠談得上成佛。如果像禪宗所說的，就在這一輩子就可以見性成佛，那是多麼狂妄的說法！

持這種想法的人，實在有些泥古不化，而且不瞭解佛的全部教法，以及佛法圓通的高妙道理。佛說，念一句彌陀，能夠消滅修行人八十億劫的生死重罪。其次，佛又常讚嘆定力功德，認為是功德叢林，能消滅多劫業力，這些都是佛說的。

經上又說：「劫數無定」。可見到底要修多少劫，也不是死板的定論。佛又說，地位互通，如「初地即通十地」，可見進度程序，也不是死板的定論，初地菩薩也可以立刻達到十地的地位。

對於這個道理不明瞭的人，都因為沒有明白一點，即佛所說的時間法和空間法等等的意義，這都是屬於心法所包涵的範圍。如果能心念專誠，立志決心修行向道，縱然我不能即生成功，但有人可能辦到，怎麼可以一概推翻即生成就的事呢！

有修學禪宗的人說，抱定一句話頭，死死不放的去參，縱然這輩子不能開悟，命終以後，一定可以自由任意寄居於天上人間，這與淨土的一心念佛，乘願往生的結果，不是一樣的嗎？

這話說得也有道理，因為在十方世界三世中成佛的人，真是多得數不盡，既然已經成佛，都有由自己願力而成的國土。這樣一來，十方三世之中，佛的國土無量，有人願意往生西方，有人願意往生東方，各人願力不同，就像人世間喜愛嗜好不盡相同一樣，絕不能說這個佛土對，那個佛土不對。

如果能夠抱定一個話頭，死死不放，就是達到了一心不亂，就是無上的定。一個人能夠達到一心不亂，命終時，當然可以遂自己願力往生，到自己選擇的佛國土去。

修學密宗的人，如果能夠專持一尊本咒，也可以乘平生願力，而往生這一尊佛的國土，這個道理同前面所說是一樣的，人同此心，心同此理。有人也許會說，天上人間隨意寄居，並沒有確定是佛國土。其實，依照佛經所說，天上一辭，不僅是指三界的天，也是指佛國土的意思，所以，不可以頑固不化，只泥著表面文字解釋。

已經開悟見到本性的修行人，見地已達圓滿廓徹的境界，自己也就與佛相同了。本性的體和用，應該都能夠圓融，光含萬有，一切都具足圓滿了。有些人只瞭解空所代表的本體勝妙，認為只要見到了自性本體，就成佛了。如果說見到空就夠了，那麼，佛法的「性空緣生」，所謂妙有的意義，還怎麼站得住腳呢？

如果知見透徹的話，佛的道路都是相同的，自己與他人沒有區別，所以，彌陀的願力，是佛的至高無上的大慈悲，是一件最高深微妙的事。

釋迦教主，很讚嘆極樂淨土，並且再三囑咐眾生，要發願往生彌陀淨土。釋迦讚揚淨土，就像其他佛土的眾生讚嘆釋迦一樣，哪裡會像有些悟後見性的人一樣，還有那麼多人我分別心存在呢？

古德說：「十世古今，始終不離於當念。無邊剎境，自他不隔於毫端」。彌陀自性，非一非異，彌陀為後來的眾生們，建立了這一個方便的修行法門，不但是因為彌陀的大悲願力，也是維繫佛法慧命所必要的。

一心念佛的法門，是將千百種的方法集中於一個念佛，是無念一心，除去一切妄念，制心一處的法門，這個法門正是如來所加護的。所以，禪宗見性的人，正好念佛，一方面是為鍾鍊拄杖，一方面是一個實驗，好像去撈清水潭中的月亮影子，撈來撈去，才知道原來如此。所以永嘉說：「棄有著空病亦然，還如避溺而投火」。只見到空的自性，也是不行的。

古來宗師曾說過：「念佛一聲，罰令擔水洗三日禪堂」，又有「佛之一字，我不喜聞」。

像這一類的話，只是宗師們的權機說法，為鍛鍊學人太過的慈悲說法。因為宗師們要鼓勵學人，在參禪的時候，用志專一，自信不二，不要受其他念頭的紛擾，這時，連念佛也成為念頭，也不能要，這樣才能努力參禪。

後來末學淺見的人們，執著一句古人的話，就當黃金，像是執著古人牙慧為金，一定把這些話當成定律，死守成語，爭論不休，反而成為自己智慧和德行的累贅。

古德曾說：「如此事不明，專辦一心，速去修行」。這句話怎麼會是說參禪不是修行？這句話的意思，是說如不能頓悟，就快點去依教奉行去修。所以，禪門課誦中，有《阿彌陀經》以及念佛法門等，祖師的用心，真可算良苦了。

禪淨雙修調和論

禪淨雙修的說法，是宋代永明壽禪師開始提倡的，自此以後，採用禪淨雙修法門的頗為普徧。後來，禪門衰落，天下叢林，仍在參「念佛是誰」這個話頭，而且沉迷封閉在這個話頭中，永世不得開悟的人，多得如麻如粟，弄得參話頭成了念佛號，持名念佛也就像參話頭。

說起來，參話頭和念佛是合流了，好像是修行上創立了一個新風格。參話頭的人認為，如果參究不通，可以往生淨土，免得在這個娑婆世界流落，永沉苦海。可是，站在禪宗心法的立場來看，禪門參究的宗旨和方法，就此淪亡喪失了。這是題外的話，現在專談禪淨調和的修法。

首先應該明瞭的，是《楞嚴經》中，〈大勢至菩薩念佛圓通章〉，現節錄如下：

「彼佛教我，念佛三昧。譬如有人，一專為憶，一人專忘。如是二人，若逢不逢，或見非見。二人相憶，二憶念深。如是乃至從生至生，同於形影，不相乖異。十方如來，憐念眾生，如母憶子。若子逃逝，雖憶何為。子若憶母，如母憶時，母子歷生，不相違遠。若眾生心，憶佛念佛，現前當來，必定見佛。去佛不遠，不假方便，自得心開。如染香人，身有香氣，此則名曰香光莊嚴（一）。我本因地，以念佛心，入無生忍。今於此界，攝念佛人，歸於淨土（二）。佛問圓通，我無選擇。都攝六根，淨念相繼，得三摩地，斯為第一

（三）」。

這一節，共有三段，第一段所說明的，是念佛入門的方法；第二段所說的，是念佛的成果；第三段所說的，是念佛最高深的方法。能夠將這三個前提先解決，禪淨雙修的事與理，才能夠充分完備。現在分段敘說：

第一是方法：念佛有兩個方法，都是屬於定止之學，這兩個方法，就是「念」與「憶」。

一、念：念的方法，又有持名與默念兩種。

（一）基本上，十方如來對於眾生，都有「無緣慈」、「同體悲」的憶念，並不是只有阿彌陀才對眾生慈悲為念，現在只說極樂淨土這一尊佛，以符合淨土的宗旨。

凡是修淨土法門的人，心中要執持阿彌陀佛的名號，一方面出聲念佛，一方面用耳朵，向內返聞，聞聽念佛的聲音；眼睛也要返觀，觀看內心這個念佛的念，得使念念不間斷。同時，眼雖在看，卻視而不見；耳雖在聽，卻聽而不聞。不但眼耳如此，其他一切言語動作，都與自己毫不相關，自己好像如死如癡一般，只剩下這一念。

（二）念佛念得專一，用功時間長久下去，這個念佛的一念，已經默默的在心中了，雖然沒有特別著力的去念，卻自然的在念。到了這個階段，修學的人，往往會成為心雖在念，但是六根與外相連的一切，仍然可以作為。也就是說，一方面在念佛，一方面散心也在作用。

有人還以為自己達到了自如的妙境，實際上，這就成為「老婆念」了，根本不對。

為什麼說這種念佛是不對的呢？因為在念佛時，仍然與外境有所作為，就是第六意識仍在波動，而念佛的這個念，反而成為獨頭意識的作用了。這種下意識念佛，根本不是專精一念，又有什麼用處？

真正的念佛，必須要將六根收攝起來，集中精神在念佛上，這時，意識不起作用，念起來才能夠專一，才能夠真純，這才是念佛法門的要點。

二、憶：所謂憶佛，與念是不同的，念還是比較粗放的，是第六意識在作用。憶是比較細微的，而憶的作用，是將這種子種於八識（阿賴耶）田中，成為根深柢固。

所以，大勢至菩薩，把母親憶念子女，用來形容憶佛的性質。世上的母親們，心中憶念自己的子女，雖然沒有在嘴上說，但她心中耿耿於懷，坐臥不安，片刻難忘，就像儒家所說：「必有事焉」，心中的誠敬達到極點。

憶的現象和性質，菩薩已用好的比喻，解說得很周到了，現在再用反面比喻加以解釋。所謂憶佛，就像是一些人，苦心求名求利，念念孜孜，片刻不忘；又像是男女戀愛，相思之苦，心心相印，靈感互通的那種片刻難忘。

第六代達賴喇嘛的情歌中：

入定修觀法眼開　啟求三寶降靈臺
觀中諸聖何曾見　不請情人卻自來

靜時修止動修觀　歷歷情人掛眼前
若把此心移學道　即生成佛有何難

這是前蒙藏委員曾緘所譯，載於民國廿八年四月《康導月刊》，都是對念念不忘，憶的描寫。

如果能夠像這樣去修行，依法深入，漸漸由念而入憶，由粗而入細，長久努力下去，念憶工力深入，用不著費力，自然會覺得有一樁事常在心上，又像有一個東西在心中，團團不化。

這個團團不化的心上物，憶的一念，忽在某一天，頓然開發，就如洞開無物，忽然什麼都沒有了。這個身，這個心，脫焉如忘，忽然也像解脫掉了一般，這就是佛經上所說的，「花開見佛」。

到了這個境界，自然毫無問題的，自心就與常光接通了，能夠自然順利進入淨土佛的心中。這中間的微妙，言語是無法表達的，修行人到了那時，自己自會明白。

如果達不到前面所說的程度，只是用散心念佛一聲，或者對淨土具有信願深心，臨終也可以往生，不過程度品位就大大不同了。

第二是成果。念佛的成果，是以到達淨土為最高目標，修淨土又有唯心淨土門，及實有淨土門兩種，都是觀慧之學。

首先，要瞭解什麼是淨土。

所謂土，在理上解釋，就是一塊地的表面；在事上說，就是實質的土地。所謂淨，是染污的相對，粗放的說來，一切貪瞋癡，人我是非等觀念，如《百法明門論》中所講都是惡法，都是染污。如果細微分析來說，連對好的見解執著，對法執著，都算是染污的。

如果修行能達到前節所述的心開念寂，心身兩忘，後來，連忘也沒有了，連空也沒有了，既無物，又無心，任何比較也沒有了，當沒有對待時，絕對之體就現前了。

這時，了了分明，常寂圓明，自己此心，合於如來藏體，這就是唯心淨土的境界。

這時，反觀世間的一切事，都像是在夢中，連這個污穢世界，也忽然變成了淨土，無一不是自在的。

此心的淨土現前，就與十方如來法性接流了，切實的正知正見才能產生，西方極樂淨土，也同此性，並且，如果確知西方淨土是實在存在的國土，欲想往生這個國土，一步不移，像壯士伸臂一樣的時間，就可以到達淨土，即可與諸佛菩薩，同遊寂止之門了。

不但往生淨土沒有問題，這個淨土西方，只要一念間，也一樣可以前來接我，因為，法是沒有來去分別的。

心體離念，就是無生法忍，念佛能夠入於佛心，己心與佛心相交流，專一精誠，這就是所謂的「因地」，是種的因。心開意解，一念不生，入無生忍，就是果。

大勢至菩薩，用這個念佛法門成功後，又來到這個世界，傳授這個法門，救度一切眾生，往生於淨土，這就是前面所述說的淨土念佛法門。

第三是最高淨土方法修行人。在進入於前述的無生法忍時，仍沒有達到圓滿，絕不可稍加放逸，更不能以得少為足，稍有成績就怠懈起來，一定要隨時隨地收攝六根，使不外馳，並且要保養淨念，心心無間，長住淨土的境界，才能夠「一念萬年，萬年一念」，這就是入了淨念三摩地（大定）。所以菩薩對圓通法門，沒有選擇，因為也不必選擇了。

如果在淨念出現的時候，不去努力求精進，就會像閃電一樣，馬上消失了，所以才說「不放逸心所，精進無間」，等到行滿功圓的時候，不修亦修，修亦不修，佛佛心同，也沒有什麼可說的了。

參禪與念佛，怎麼樣才能調和呢？

如果念佛的人，持現在的一念，往生淨土，就是念佛法門與參禪無關，參禪與念佛就此分途。

如果修行人，不論是提一句話頭去參，或是持一句佛號去念，能夠在前念過去之後，後念未起之前，一下子就定住在那個前後念的中間，這種修行，就是禪淨雙修，二者同途，沒有區別。

所謂前念已滅，既然念頭已經消失了，就不能再追；後念未生，就是不再引發新念頭。當前的一念，與前念不連，與後念無關，當下即空，並無一空境界，只是用境界形容。這個境界，在淨土來說，就是唯心淨念的開始；在參禪來說，就是三際托空，是明心見性的端倪曙光。

到此，無論參禪或念佛，即心即佛的事理，就很明白了，但是仍然沒有達到盡妙。

如來藏具有全體大用，如果停留在前面這個境界，就只是小果而已。許多參禪的人，認為到此就達到極點，就沒有事了，那就是不瞭解如來藏的妙有願力的全體功能。

念佛的人，僅守住這個淨心一念，而不知如來藏中的大機大用，那就是不認識法界無邊，頭頭是道。

雖然說，用言語形容，產生流弊，法身也會因而墮落，嘮叨多嘴，不如珍惜眉毛，「盡回大地花千萬，供養彌陀淨土身」，自己既有這個願心，又有什麼話說？

金聖嘆所著〈念佛三昧〉一文，雖然是慧業文人的見解，但卻與一般口頭禪不同，文字本來也與般若相通，因為也是有心得的表現，茲附錄於後，以作參考。

娑婆世界，釋尊住持。華藏世界，盧舍那世尊住持。釋尊新成佛，盧舍那本成佛也。他方世界，有阿彌陀佛，住於極樂國土。一花一世尊，非算數譬喻之所能及。所以《阿彌陀經》，為無問自說經。首題佛說阿彌陀，下加不得一佛字。

然燈佛者一微塵佛也。釋迦佛者，無量微塵佛也。釋迦佛者，名為病癒。阿彌陀者，名本無病。世尊說《阿彌陀經》，另一設施，與諸經不同。乃是為一切眾生，畢竟不能破我故，特地全舉法界，說你本在極樂國土中，各各蓮花化生，有甚不好。譬如醜婦人一般，貯之洞房深宮，亦自覺標致也。

喜怒哀樂四字，以樂為極，所以知之學者，好之聖人，樂之即天地也。

蓮花取相連義曰蓮（三世相連，花有房，房有蕊。）因非實相曰花。一一眾生，各坐一花，花開見佛，則見釋迦佛也。極樂國土，九品化生。上品上生者，乃是彌勒一生補處，於此成佛。下品下生者，乃是阿鼻大地獄罪人，於此成佛。是人因犯極惡大罪，下阿鼻獄，有善知識，以種種因緣，唱阿彌陀佛；如千年暗室，一燈照之。而此罪人聞此名字，地獄即生蓮花中。而此蓮花，即在極樂國土中。而此極樂國土，在阿彌陀佛世界中。此阿彌陀佛世界，乃即在無量大地獄內一罪人之八識田中。是人縱犯極惡大罪，不敵阿彌陀名字，所以地獄應時粉碎，此謂下品下生也。

菩薩不願住於惡濁世界，則不得不求生極樂。然而生極樂，乃是果事。欲獲果者，先須造因。云何造因？念佛三昧是也。念佛之法，不可以妄心念於遙佛，亦不可以妄心念於妄心。何以故？妄心者，是生死因，不能感通於本際故；以生死因不能感通故，故佛本不遙而遂遙也。復次，妄心念於妄心者，凡夫正以妄心連持，至墮地獄。今復教以如是念佛，彼即以前妄心為念，後妄心為佛，或以前妄心為佛，後妄心為念，如是即與世間流浪何異！是故此法所不應用。夫念佛之法，不應先見佛，次作念，正應先念成，次見佛。所以者何？若先見佛，佛是何事？如是名為大妄語人。又即使感應道交，佛或示現，然佛來尋念，佛去久矣。又況能念，正是妄心，妄心何可唐突於佛？所謂先念成，次見佛者，念是實，佛是假。菩薩以本際為念，而以妄心為佛。問：何故不以妄心為念，本際為佛？答：本際者不可見，不可見則不能令行人發歡喜心。又本際纖塵不立，若行人於念處用力，即大不應。又師子乳用玻璃盞盛，他器不受。若行人欲以妄心念本際，譬如毒器，盛師子乳，終竟不受。又念佛三昧，對治生死，若用妄心追逐，終入生死海無疑也。（《唱經堂才子書彙稿》）

禪宗與密宗

近代研究佛學的人，以及學佛修行的人，對於西藏佛學及密宗，頗有重視的趨勢。有些人甚至認為，西藏密宗的佛學，學術性純正而完美，足以作為修行的依據：藏文所翻譯的經典，內容文字都很深入，可以作為楷範。更認為中國的佛學與西藏的佛法比較起來，似乎缺乏一貫的傳承，修證方法也沒有什麼可取，禪宗更是邪見等，說法很多。

其實，談到學術的溝通，在同一個時代中，因為地域山川的不同，各地區都有一門深入的長處，也各有它的特性，這些不同的情況，可以互相觀摩，或自由抉擇判別，但是卻不可以隨便妄下斷語，任意評判優劣。

西藏佛學淵源

密宗共分為兩大派別，一派稱為東密，一派稱為藏密。

東密是在盛唐時代由印度傳入西藏的，當時，印度的三位密宗大德，善無畏、金剛智、不空三藏，號稱開元三大士，將密宗傳入到中國。這一派系的密宗，到了明朝永樂年間，被放逐到日本去了。這一派的密宗學術，學者便稱之為東密。

藏密是初唐貞觀年間開始的，當時的西藏王是弄贊甘普（西藏王統第三十世）。這位藏王派遣僧人赴印度留學，後來就有寂護師弟，及蓮華生大士首先入西藏，將密乘道普及於全部西藏，以後又由西藏傳入中國，這一派系，統稱為藏密。

東密和藏密，追溯到祖述的淵源，都是由龍樹菩薩開始的。龍樹又稱為龍猛，究竟是一個菩薩，抑是兩個菩薩，已經沒有辦法分別（近代考證人士，又有一種說法，認為名叫龍樹的，共有二人，一人創大乘佛學，一人先學婆羅門，後創密宗）。有關龍樹與密宗的記載，頗為渺茫，無法證明，只好放棄對來源的研究。

藏密也是由印度起源，而後傳入中國的；最初的藏密，是顯教和密教相通的性質。印度後期的大乘佛學，系別很多，大致如下：

一、以毘曇俱舍諸論為主的一系，主要人物是龍樹、提婆，再至無著、世親等。

二、以因明唯識學為主的一系，主要人物是陳那、法稱，護法等。

三、以毘奈耶律學為主的一系，主要人物是德光。

四、以般若學為主的一系，主要人物是解脫軍。

五、以中觀學為主的一系，主要人物是提婆，接承龍樹。傳至僧護時，又分兩派，一派是佛護，傳至月稱。另一派是法辨。

六、另外還有一派，兼涉龍樹和無著兩家的學說，但又不入他們系統的，就是寂天。

前面所列舉的，都是印度後期大乘顯教的佛學，是以龍樹和世親為主的，所有學系的大概。後來，世親的學系，傳承愈來愈繁雜，並且學風也改變了很多。以往的大乘教法，都是以經文為主，義疏註釋的論學，不過是一個附屬的學問。但是，世親學系傳到後來，竟然喧賓奪主，把論註看成主要重點，經文反而成為次要的了。

講到這裡，研究佛學的人，以及學佛的人，一定要特別注意，佛學必須要以經學為依歸，才是學佛的正途。

再說無著、世親的學系，後來傳至月稱時，龍樹和提婆的學系，也傳到了佛護及清辨。這兩個學派，門戶對峙，時常爭辯不休。佛護、清辨兩人，註釋龍樹的中觀論，都以無自性和中道立場來解釋中道之說，並且說他們自己是得到祕密的傳授，對於世親一派的門人，用唯識中道的立場論釋中觀，則痛加批評。

佛護與法辨兩位歿後，大乘的學徒們，在無自性及唯識的兩派不同的論說中，繼續爭論不休，造成瑜伽與中觀的分裂，顯密二教，也就截然分為兩派了。

西藏的顯教，般若、唯識、中觀的學說，都是由早期傳承下來的，後來西藏的大德們，更根據而著述再加以發揚的。

印度的密乘，有根據的資料顯示，是由僧護宏揚展開的。到了波羅王朝第四世，達摩波羅王的時代，密乘更加發達。那時，達摩波羅王，信賴師子賢及智足二位大師，這兩位大師建造了超岩寺，作為密乘的教學中心。

智足是師子賢的弟子，後來得到金剛阿闍黎的傳授，而宏揚密乘，他們宏揚的密法包括了作、修、瑜伽三部本典。密集、幻網、佛平等行、月明點、忿怒文殊等內道呾特羅，流布很廣，對於密集，更解釋得非常深入透澈。

後來繼承智足上座宏揚不同法門的是：

宏揚上樂輪——燃燈智、楞伽勝賢

宏揚夜摩——吉祥持

宏揚明點等——現賢

宏揚喜金剛——善勝、遊戲金剛、難勝月、本誓金剛

宏揚夜摩上樂——如來護、覺賢

宏揚密集夜摩——蓮花護

除此之外，在超岩寺宏揚密乘的人還有很多，如寂友，他是通達般若、俱舍，及作、修、瑜伽三部。

又如覺密、覺寂兩位大師，精通三部，更特別精通瑜伽，並著有《金剛界儀規》《瑜伽入門》，及《大日經集釋》等。

又如喜藏，宏揚瑜伽密部。

又如甚深金剛，甘露密等，開始時傳授甘露金剛法，後來又宏揚無上瑜伽。至於時輪金剛的密傳，似乎是後來才出現的。

根據歷史的資料，印度後期的大乘佛學，經過一再的改變，才有密乘的興起。那時的印度，波羅王朝岌岌可危，最嚴重的事，是回教徒的侵入印度，使王朝終於滅亡。

在此以前，佛教的本身，早已受異學外道的影響，佛學的基本面目幾乎不能保存。在這種機緣之下，密宗乘勢而起，密宗在開始時，本來是對待婆羅門教，以圖挽回一般人民對佛教的信仰。但是演變到後來，密宗獨立發展，派系蔓延分歧，內容收集愈多，創作也愈繁複，實在也是時勢所造成的。

西藏佛法之崛起

按照西藏人自己的說法，佛教經典輸入西藏，從東晉時代已經開始了，這個說法自然難以令人相信。

西藏的開化比較遲緩，西藏本土，最初流行一種拜物神教，名為苯教（俗稱烏教），是用禁咒役神的方式，以指示人們的吉凶禍福。

到了弄贊甘普王的時代，藏王首先與尼泊爾通婚，娶了尼泊爾的公主，據說，這位公主帶了佛經到西藏去。

到了貞觀十五年，這位藏王又娶了唐朝的文成公主。文成公主一向信仰佛教，隨著文成公主入藏，佛法經像也跟著在藏土傳播起來。

文成公主入藏的事，要追溯到唐太宗的時候，當時西藏人在邊疆作亂，威脅了邊陲。那時，因天下剛安定不久，唐太宗遂用和親的政策，解決西藏邊陲之亂。藏人的條件，必須以公主許配，並請儒書入藏。經過唐太宗和宰相房玄齡的商議，有人認為，聖人經史的書籍，不可以傳到邊疆的番夷民族，太宗乃選了皇族的宗女，封為文成公主，遣嫁到西藏去和親了。

侍隨著公主到西藏去的，還有幾位儒士，五個道士等。西藏內地各處，至今還可以看到太極圖、八卦等標誌，就是這個原故。後來西藏的神廟，還有關羽的祠寺，喇嘛大德們，也有用念珠卜課的事，就好像漢地的占卜一樣，這都是文成公主和親，對西藏文化方面的影響。

藏王受了尼泊爾公主，和文成公主二人信佛的影響，外加鄰近印度邊境，所以對佛法的信仰，也驟然增加。於是，就選派了大臣的子弟們，端美三菩提等，共十七人，到印度西北部迦濕彌羅，去求取佛法的經典。

這一批人，在印度留學七年，才返回西藏。回到西藏後，就仿照「笈多」字體，制定了西藏的文字，並且還翻譯了《寶雲》《寶篋》等經，於是佛學在西藏就正式開始傳播了。

西藏這一時期的佛學，在歷史上稱為前期佛學，這個前期佛學，到現在已經沒有任何留存了。

佛法在西藏，也曾經過一段排佛滅僧的黑暗時期，就像中國佛法所經過的厄難一樣。西藏佛法度過黑暗時期以後，再度興起，歷史上稱這個再度興起的佛學，為後期佛學。

西藏前期與後期的佛學，事實上有許多不同的地方，前期佛學，多從事翻譯整理的工作，而後期佛學，就從事宏揚教化了。

西藏的王統，到了三十五世的時候，正是中國唐玄宗和肅宗的時代，當時在位的藏王，名叫乞里雙提贊。這位藏王，排除了朝臣的異議，從印度聘請了阿難陀等，到西藏來從事翻譯工作；並且又派遣了巴沙南，到尼泊爾去訪求佛法大德。

巴沙南訪求到了寂護，請他到西藏宏化佛法。寂護到了西藏以後，因為發現西藏人的信仰，十分紊亂迷離，就返回印度去了。西藏王又派人再去邀請寂護，這次寂護到西藏後，一直住了十五年之久。

寂護的佛學，是屬於中觀清辯學派一系，他的修行和持戒，都是按照舊式的規範。在西藏的首都拉薩，寂護建立了一個三姆耶寺，並從印度，聘來了二十位比丘，居住在三姆耶寺，開始建立僧伽制度。

這時，也有些從中國去的僧眾，在西藏講學，他們中間的領袖，名叫大乘和尚。大乘和尚所宏化的佛法，頗與禪宗相似，認為直指人心，才能開悟佛性，如果只是依照教理修行，不過是徒勞無功而已。

大乘和尚的說法，遭受到一位寂護弟子，名叫蓮花戒的，大大的駁斥和批判，後來，終於將大乘和尚這一批僧徒，從西藏驅逐出去。

後世西藏密宗的門徒們，認為中國沒有真正的佛法，更認為禪宗是外道知見，這種觀念，可能都是因為大乘和尚的事件，所造成的偏差觀念。

當時的西藏，因為本身是信奉神道的，所以佛法的傳播，很受阻礙。寂護不得已，就請求西藏王准許，到印度的烏仗那，延聘了密宗的蓮花生，到西藏宏法。

蓮花生大師，帶了弟子二十五人，來到了西藏，經過幾個月的努力，用密宗咒語的法力，為佛教護法，終於摧伏了外道。蓮花生大師及弟子，對西藏佛教的功勞實在不小。

蓮花生大師，自己沒有著作，所以他的學說，沒有辦法考證。不過，西藏的傳說，認為蓮花生大師，是釋迦的化身，是密宗的教主；認為是釋迦滅度後八年，沒有經過母胎，而由蓮花中再生出來，到西藏傳授密宗的。所以，西藏的佛法，都是由蓮花生大師傳下來的，舊派密宗的祖師，也就是蓮花生大師了。

像這種說法，也有許多問題，暫時不多加討論，因為當時的印度佛教，已經逐漸向北轉移，印度後期的名僧大德，也因為印度西北接壤西藏的關係，而漸漸到西藏去了。例如法稱、淨友、覺寂、覺賢等，都是到西藏傳授密乘佛法的印度僧人。

後來，當西藏王統傳到三十八世徠巴瞻王時，正值唐憲宗、文宗的時代，西藏佛法當時大為宏揚，許多經典的翻譯，也都完備了，這時也訂立了僧人制度，作教師的僧人，稱為喇嘛，並且制定了喇嘛有薪俸的制度。

藏王有一個弟弟，是朗達瑪王，後來將藏王殺害而嗣位，朗達瑪一共作了五年藏王，他破壞佛法，殺戮僧眾，將提贊王百年以來所培養的佛法，和徠巴瞻王二十年來的盛業，在五年中統統破壞無遺。

後來，有一個名叫吉祥金剛的喇嘛，又把朗達瑪王暗殺了，王的餘黨們，又報仇去殺害喇嘛們，許多僧人都逃亡了，國內造成嚴重的分裂。

於是整個西藏陷入了黑暗時期，一直持續了百年之久。這個情形，與唐武宗滅佛教的會昌之難，先後極為相似，不過，西藏佛教所遭受到的破壞，比起會昌之難，更為嚴重。

西藏後期佛法及派系

在拉薩西南方的翠葆山中，有三個修行的僧人，當朗達瑪王毀佛滅僧的時候，他們逃亡到甘肅西南的安土地方，投靠大喇嘛思明為師，而得具足戒。當時還有西藏梅魯的僧眾，共十餘人，也都去投師思明，修學佛法，得了具足戒。

這些僧人，在黑暗時期過後，都回到西藏，恢復了佛法的舊觀。但是，他們所秉持的密法，卻摻雜有神道的意味，不能算是純善的佛法。

那時的西藏，有一個額利王智光，對於興建佛學，極為熱衷。智光從東印度聘請了許多大德，如法護及他們的弟子等，到西藏從事翻譯修訂的工作，於是密乘又復興了。在翻譯的經典中，密乘方面也增加很多，歷史上稱這個時期，為西藏佛學的後期。

後來，智光的繼承人菩提光，更延致了阿底峽尊者，來西藏宏法，這件事成為一時的勝舉。阿底峽尊者，又名吉祥燃燈智，是東印度奔迦布人，對於顯教、密教，都很精通，是當時的大德。阿底峽曾是超岩寺的上座，於西曆一零三七年，即宋仁宗景祐四年時入藏，在各地巡迴教化，共約二十年之久。受到他德行的感化，上下皈依他的人極多，使得西藏的佛學，面目更新。

在這段時間中，阿底峽多從事翻譯，並著述《菩提道炬論》，極力宏揚顯密貫通之學。

阿底峽尊者，在七十三歲時示寂，即西曆一零五二年，他的弟子冬頓等，更加發揚尊者的學說，針對專門重視咒術的舊傳密法，別立一切聖教，以教誡為宗，一切聖教的重要建立是：

一、判三士道：即下士——人天乘，中士——聲聞緣覺乘，上士——菩薩大乘，攝一切法。

二、奉四尊：即釋迦、觀音、救度母、及不動明王。

三、習六論：菩薩地、經莊嚴、集菩薩學、入菩薩行、本生鬘、法句集。

四、次第四密：作、修、瑜伽、無上瑜伽。

而以上樂密集法為最。

阿底峽的弟子們冬頓等所建立的一切聖教，組織精嚴，遠超過已往的大師們。這一派，即被稱為甘丹派（甘丹的意思，就是聖教教誡的意思）。後來又分為四派：

一、寧瑪派（亦即古派，俗稱紅教）：這一派就是最早的前期密乘之學，將佛學分為九乘道，即：

應身佛釋迦所說的聲聞、緣覺、菩薩三乘。

報身佛金剛薩埵所說的密乘、外道，作修瑜伽三乘。

法身佛普賢所說的內道大瑜伽、無比瑜伽、無上瑜伽三乘。

以上共為九乘，這派的說法，以無上瑜伽中的喜金剛為最上乘，最究竟的法力。這派修習的人，一切隨俗，並不講求戒儀的形式外表，只是觀修現顯契證明空智，就可以得到解脫。

二、迦爾居派（是教敕傳承的意思，俗稱白教）：這一派是摩爾瓦所創建，摩爾瓦曾經三度遊學於印度，他的老師就是阿底峽，同時又在超岩寺的上師諾羅巴門下，學習了密乘，得到金剛薩埵，娑羅訶、龍樹以來的真傳。

摩爾瓦更精通瑜伽密中的密集，以及無上瑜伽中的喜金剛法、四吉祥座法、大神變母法等。對於空智雙融解脫大手印等法，尤其透澈通達。

摩爾瓦回到西藏後，傳法給密勒日巴，密勒日巴再傳給達保哈解。

達保哈解採取了阿底峽的《菩提道炬論》，及密勒日巴的《大手印法》，著了一本《菩提道次第隨破宗莊嚴論》，是採取佛護的中觀說法，作為修法的解釋。

後來，這一派流傳日漸廣泛，又分支為九小派，說法各派不同。在這九派之中的杜普派，元代的初年，出了一個大人物布頓。

布頓博學，貫通五明，又精通顯密二教，曾整理並註解大藏的重要經典，並創立很多護律學及密乘道。他的學說很平實公正，後世非常推重。

三、薩迦派（俗稱花教）：這一派是西藏的王族名叫袞曲爵保所創建，他在藏州西方百餘里的薩伽地方，建立寺院，聚徒教學，故以薩迦地名代表。

這一派的學說，融會了顯密二乘，而其密乘的本義，是以清辯一系中的中觀為基礎。又將顯教中的菩薩五位（資糧、加行、見、修、究竟），和密乘中的四部對合起來修行，以彼此互相因果。

這一派的修法，是用加行位中的煖、頂、忍三昧耶，斷除所取惑；用世第一法三昧耶，斷除能取惑；以菩薩智慧本性光明，而進入大樂定，這樣就達到了顯密融合的境地了。

這個說法，與寧瑪派的說法差別很大，所以這一派又被稱為新學。

四、希解派（是能滅的意思）：這一派的始祖，是元朝初年，在南印度的一位阿闍黎，他的名字是敦巴桑結。這一派的學說，也是從超岩寺出來的，大意是用密乘的四種斷法，去滅除苦惱。這些方法非常通俗，有除滅三燈、夜摩帝成就法等。

敦巴桑結曾經五次到西藏去宏化，後來傳到第三代，是瑪齊萊冬尼。敦巴一生都在行腳宏化，法緣興盛，成績顯著。

除了前面所述的幾派，另外還有爵南派，在明代萬曆年間，出了一個大學者多羅那他。

多羅那他博學能文，又精通梵語，所以這一派在經典的翻譯方面，貢獻很多，堪稱殿軍。不過，到了清朝初年，這一派已經改宗，現在也已經不存在了。

前面所述的幾派，除了甘丹派專門從事教化外，其餘的各派，都與政治發生關聯，有些甚至還假藉政治力量，作威作福。這其中的迦爾居派，也曾經掌握了藏中政治大權。

薩迦派第二世，孔迦寧保，在元朝成吉思汗時，被元朝委給大權統治西藏，後來，元朝又任命他擔任蒙古的教化。到了第四世孔迦嘉贊的時候，因為學問及修行都更加精博，就被元朝庫騰汗召入朝廷中，去仿照「蘭查」字體，改定蒙古文，當時並被封為皇帝的老師。

傳到了第五世，就是四世孔迦嘉贊的侄子，名叫發思巴，更加得到元帝的信任，不但受帝師的封號，還入朝為元帝灌頂，許多王公后妃，也都踴躍參加灌頂，暗中的桃色事件，穢跡流言，連正史上都有記載。

後來，發思巴回到西藏，把紛亂相爭的十三州統一了，一齊向元朝稱臣，服從元朝的統治，這樣以來，西藏的喇嘛教士，也都隨著到中國內地來了，這些僧人們，驕奢淫佚，愈來愈厲害。這時漢地的各宗佛教，都陷入了頹廢的局面，皇宮內廷，所耗費在供奉喇嘛的開支上，竟占了國家總支出的十分之六、七，喇嘛僧眾聲勢的囂張，不難想像。所以，到了明代永樂年間，把這些密宗驅逐到日本去，絕對不是一樁偶然事件。

黃衣士派：因為有鑒於元代縱容喇嘛的流弊，到了明朝，就採取了對付密宗喇嘛的方法，先冊封各派喇嘛為王，然後就利用他們打擊薩迦派專橫的勢力。

到了永樂年間，在青海西寧西南的地方，出了一個密宗的大人物，名叫宗喀巴。當宗喀巴遊學西藏的時候，看到了佛法的頹敗，就慨然產生了改革的志願。

宗喀巴以阿底峽的學說為基礎，採用布頓的說法，嚴格實行律儀，又採取了各派的優點長處，把經咒的教法融合為一。

宗喀巴學問又好，修持優越，極為當時所敬重。他教化的地方，都一致追隨（靡然從風），他的門人學者，穿戴黃色衣帽，以與當時的其他舊派加以區別，所以，這一派被稱為黃衣派。

黃衣派在拉薩的東南，建立了一個伽登寺，宏傳這一派的學說。後來又建立了色拉、折蓬二寺，成為著名的三大寺，西藏衰落已久的佛法，到此又煥然昭蘇，開始活躍了。

宗喀巴的弟子中，有兩個突出的人物，就是賈曹傑和克珠傑（第一世班禪），這二人都能繼續宗喀巴的傳承。

伽登寺的住持大弟子法寶（賈曹傑），是傳承宗師衣缽的，後來成為伽登座主傳承的法統。

法寶的弟子根敦珠巴（亦為克珠傑弟子），開創了歷世轉生的說法，班禪（梵語是大寶師）和達賴（蒙古語是大海）二人，本來是師兄弟，二人互相約定，生生世世互為師長，以宏傳教法（班禪為師，達賴為弟子）。

到了明憲宗時，正式冊封了班禪和達賴，他們的勢力就更加盛大了。清初的達賴五世，名叫羅贊嘉錯，極為博學多才，在學術界極為出名。他更藉了蒙古和碩部（青海附近）固始汗的力量，及清朝的武力，統一安定了西藏。這時，達賴將班禪安置在後藏，自己則居住在前藏，就此將統治權分開了。

於是，達賴掌握了政教合一的大權，到了近世，班禪到了中國內地，達賴與班禪，就彼此爭鬧不休。像這樣的爭權奪利，鬧個不停，哪裡會是佛法的本來意旨，實在可嘆。後世所說西藏佛法，顯密完整的派系，是指宗喀巴的傳承而言。

西藏的顯教

西藏的佛學傳播，以及經典翻譯，都是由印度晚出的後起大乘佛學，直接承接過來的，其中包括了般若、唯識、中觀的學說，也羅列了月稱和護法的論典。這些宗派學說論典，經過了阿底峽、布頓、宗喀巴的組織排列，系統完整，成為貫通完美的大乘次第之學。尤其是宗喀巴的著作，以阿底峽《菩提道炬論》為主幹，集合了《菩提道次第廣論》為其中堅代表，對於五乘佛學，次第進修的方法，都很有條理，並系統的表達出來，有條不紊，次序井然，確是千秋百世的不朽著作。宗喀巴的學說，是顯密圓融的，以後的學人們，採論說為宗的，應該謹慎的選擇才是。

西藏的大藏經，及經典的翻譯，與中國內地的三藏相比，出入不大。不過，印度後期諸賢的論著，以及密乘的經典，西藏方面的翻譯，卻比漢地的翻譯為多。

明代永樂年間，曾經將西藏的經藏，翻譯為漢文，刻製成永樂版（見永樂八年御製經讚）。萬曆年間，又翻刻為萬曆版。到了清朝康熙及雍正年間，又翻刻為北京版（見雍正二年御製序，有云雍正曾親自翻譯《大威德金剛修法儀規》，比以後的翻譯都好）。其中密乘方面的經典，比較東密時代，更超過很多。

不過漢地的許多經藏，西藏也缺少很多，如龍樹所著的《大智度論》、《十住毗婆沙論》，這兩本論著，對於戒律之學，有很多發揮，但在印度已經失傳，西藏也沒有譯本，西藏只是知道有無著、寂天的著作而已。

又如無著組織瑜伽的著作，有《顯揚論》，廣陳空與無性，都是發揮現觀瑜伽的，是這一宗派的根本典籍，但是，西藏卻也沒有譯本。

至於唐代的善無畏、金剛智、不空三藏，由印度西南傳到西藏的密乘學術，和兩界儀軌，都具有很佳的規範，超過了印度北部學派（即作、修、瑜伽，三部密法）。如果將他們都歸納入外道，豈不是太主觀武斷了嗎！

關於佛學經和論的問題，佛門中認為，佛法是應該以「依經不依論」為原則，所以，許多以註疏論說為宗派的，不免成為摻水的乳酥了。雖然說論註比較詳細精密，但是許多說法似是而非，很可能改變了經典的原旨。故而註疏論說只能用作參考，如用以衡量其他，就不適當了。

不過，宗喀巴的學說和著作，從明朝到現在，流傳了六百多年，沒有任何新的學說能夠替代他，如果與漢地流行的佛學相比較，其中的得失長短，是不容易輕易下結論的。

「華嚴」、「天臺」、「三論」、「唯識」，這幾個宗派的學說，都很精深博大，而且各有獨到的地方，如果說漢地沒有真正的佛法，那是非常淺陋的見解！

華嚴宗的疏論，及天臺宗的《摩訶止觀》，怎麼能說沒有創新的見解？尤其是漢地的唯識宗，是西藏的佛學不能相比的。

有人說，西藏密宗學人，一定先要修學顯教十幾年，才能去學密法。從這一點來說，西藏的佛學，是超過漢地的。其實，這些人不知道，漢地的宗師大德，有人學了一輩子，仍在努力不休，所以才能名匠輩出，互相讚許。只不過，他們不喜歡在文字上與人相爭罷了。

西藏之密法

西藏的佛法，固然說是顯密都有的共同修行法，但是，密乘的說法，則認為密法的修行是與顯教不同的，是能夠迅速達到圓滿菩提，而不是其他宗派所可比擬的。

從顯教進入密法，沒有其他的發心，開始只是從一切共同陀羅尼儀軌（即息災、增益、懷伏、誅降等八種儀軌）修起，然後依照密咒經典所說，去做種種修行，進而修證兩俱瑜伽，大瑜伽等本續，利用各種真言的力量，而能達到八大悉地，即寶瓶、寶劍、隱身、如意樹等。到了八大悉地，就能疾速具備了資糧，而登上了正覺。

不過，密宗的這種修行，首先要得到阿闍黎的灌頂和加被，才能進入修行，所以一定要竭盡財力，供養阿闍黎，得到了上師的喜悅才給修行人灌頂，使修行人達到罪業清淨。

至於實際上修行的方法，還要親自跟上師學習，不是文字所能夠表達的。其中的意義，在炬論和釋論中，說得很詳盡，不再贅述。

西藏的密法，大體上來說，可以分為四部，即作、修、瑜伽、無上瑜伽。作與修的部分，是屬於修集資糧，及福德的基礎。

瑜伽的部分，是匯集了福德智慧兩種資糧，再向前修行努力。

關於密法中儀軌的修法，都有共同的程序，分為兩個階段，就是生起次第，和圓滿次第。

密法所稱的生起和圓滿次第，在儀軌的程序上來說，好像與顯教的修行法門，完全不同。不過，按照佛法的基本理論，由信、解、行、證的次序上解釋，也都是屬於生起，和圓滿兩種程序。

換一句話說，一切的眾生，從發心學佛開始，一直到登上正覺，不論什麼地方，什麼時候，是因也好，是果也好，都是依照生起和圓滿兩個程序而修行的。

先舉淨土宗為例來說，這個持名念佛的法門，已經具備了生起和圓滿兩個次第，也就是說，持名念佛，包括了生起次第和圓滿次第，而沒有另外階段的分別。這是因為諸佛菩薩的密因密意，很難加以解釋。可見密的含義和法門，並不是密宗所獨有的。

無上瑜伽的修行部分，最優越超出的殊勝法門，就是喜金剛、上樂、忿怒文殊、時輪，大圓滿、大圓勝慧，及各種大手印等法。

由瑜伽再繼續進修，在達到無上瑜伽的時候，密法中的很多特別修法，都成了多餘的不需要的步驟了，這些特別的修法，就是修氣脈，修明點等。大圓滿、大圓勝慧、大手印等法，最高的標旨，都是彈指間成佛，立地見性的方便法門。所以，站在無上瑜伽的立場上來看，那些作、修、瑜伽的法門，只不過是修集資糧位而已。這其中的區別和方法，行持和修證等，都有些接近禪宗。所以有人認為，密法中的大手印等法，實在就與禪宗一樣。

更有一種說法，認為達摩祖師隻履西歸的時候，就是到西藏去傳大手印的法門。

這些說法究竟是真實的，還是不真實的，歷來只是相傳而已，並沒有證據。如果真將大手印法，與禪宗作一個比較的話，他們的異同和優劣，顯然還是有差別的。

禪宗與密乘，方法不同，宗旨綱要也有區別，如果將密宗與禪宗的北派漸禪的方法相比，倒是極為相似的，但是如果談到禪宗南宗正脈的話，密宗是無法相比的。

大圓滿、大手印等法，固然已經算是殊勝法門，然而，如用禪宗的「正法眼藏」境界來看，這些密法都是迷封滯殼，被形式所拘泥的。看光弄影的形式，極容易使修行人沉滯於法執之中。

所以說，「仗金剛王寶劍，踏毘盧頂顛上行」的氣魄和修行，除了禪宗正法以外，任何宗派都是望塵莫及的。

藏密的特點

佛法的其他宗派，以及許多佛法以外的人士，對於密宗有各種不同的看法。有的人讚揚密宗，有的人反對密宗。不過，不論贊成或反對，都屬於隔靴搔癢，所說的都不是關鍵問題。因為他們所持的論點，統統是以密宗的特殊修法，作為根據而表示論見，對於密宗顯教的究竟道理，卻是茫然不知的。

密乘之所以稱為密乘，並不是修行方法奇特，或行動隱密，實在是因為，這個菩提心印，是妙密難明的，所以稱為密乘。如果言下頓悟，法外忘象，就正像曹溪六祖所說的：「密在汝邊」，那又有什麼祕密呢？然後返觀一切世間出世間的等等諸法，也無非像佛法一樣，實實在在。如能確實證入了華嚴海藏境界，達到了顯密妙圓，就無一而不平實了。

密乘中許多特殊的方法，很顯明易修而常見的，就如禮拜、供養、護摩、念誦等方法，是與顯教各宗派的修法不同的。不過，其他各宗派的禪門課誦、十小咒、蒙山、焰口等法，以及念誦的法器，和形式禮儀諸方法，卻沒有一樣不是從密乘中傳過來的。

其實，原始的佛法，除了三十六道品、禪觀、戒、定、慧等的正統修持方法以外，哪裡還有這麼多科門和儀軌？說來說去，只不過是一種方便的法門，歸元無二的一個目標，不能夠說誰對誰錯。

談到密宗的其他修法，如氣脈、明點、雙身等，如果有人認為是外道的法門，那就可以肯定的說，這些批評的人，是屬於不瞭解菩薩道中的密因法行的。

就拿雙身修法來說，這是諸佛菩薩，為了誘導多欲的眾生，而使用的一個方便接度法門。《維摩經》上說：「先以欲鉤牽，後令入佛道」。

有人認為，密乘的雙身修法，就是中國古代的「房中術」，這是毫釐相差，而產生千里的差別，流弊所造成的禍害，自然不必諱言。

修氣脈、修明點的方法，固然也是密乘修法很流行的，因為談到無上瑜伽的修持，認為氣脈與明點，仍然是方便法門，並不是究竟。氣脈明點的修行，目的是為了調身。如果修行人，身體內血氣的障礙不能破除，就不能改變氣質。如果氣質沒有改變，而說能夠證悟菩提，那一定不是瘋狂就是入魔了。密乘的學者們曾說過「氣不入中脈，而云得證菩提者，決無是處」。

照這個說法看來，一般修持的學人，個個都是在盲修瞎煉，以至於弄到身體病，而心執著。本來修行是為了求解脫，結果反而被法捆綁住了，實在冤枉。

在密乘的典籍中，有一本含義很深的書，名叫《甚深內義根本頌》，其中對人身體的氣脈，剖析得十分詳盡。如果與中國《黃帝內經》等醫學書籍對照參考，可以發現其中極為精細奧妙，絕非現代解剖生理學、醫學等，所能夠比美的。可惜世界上的學者，心粗氣浮的多，不能親自以自身來證明這中間的奧祕，反而對這些學理，隨便忽視拋棄，實在是淺陋輕狂，無法替這些人辯護。

再回頭來看顯教的各宗派，以及教外別傳的禪宗，如禪觀諸經、止觀修法、宗門參究的工夫等，雖然並沒有特別注重氣脈，但是要調柔身心的妙境，實際上已經包含了氣脈的修持，不過後世的學人，沒有深入瞭解罷了。

仔細研究密法的特點、氣脈明點等，發現並沒有什麼奇怪之處。藏密的特性，只是融合了顯密共通，再羅致了一切魔法及外道的修法，放在一個爐中融會，去適應眾生的習性。也就是用各種不同的方法，對症下藥，可以別開生面，綜羅組織，而蔚為奇觀，這就是密乘特別奇異的學問。

不過，不論用何種方法修行，密乘所遵循的，都是一定的五種次序，這五種次序就是：「加行瑜伽、專一瑜伽、離戲瑜伽、一味瑜伽、無修無證」。

禮拜、供養、護摩、念誦、研習教理等，都是屬於「加行」的工作。

專精觀想，住於禪觀等，屬於「專一」的範圍。

定久生慧，等達到了脈解心開，就好像「仰首枝頭，即見熟果」，「拔矛刺背，頓脫苦厄」一樣的頓然證悟菩提，還同本得，是屬於「離戲」。所謂離戲，就是「離四句，絕百非」的戲論法。

入於「離戲」三昧後，再向上努力精進，打成一片，即是「一味瑜伽」，再進而得到「無修無證」的果位，才能夠進入圓滿菩提的領域。

密法中這一種組織，提綱挈領了一切修法的要點，次第井然，更是其特別的地方。

顯密優劣之商榷

早在宋朝的末年，西藏的密宗，就傳入了中國，到了元朝入主中國的時候，就是密宗在漢土最興旺的時候。

明朝以來，在表面上，密宗已經銷聲匿跡的不見了，不過事實上，密宗仍流傳在社會中間，並沒有根絕，到了清室入關，又把密宗帶來了。

民國初年，西藏的密宗大德，如多傑格西、白尊者等人，首先到北京宏揚密法，展開了現代藏密到中國來的先聲。中國的漢人僧眾，也相率去西藏學法，僧人大勇等，是第一批跟隨多傑到西藏去的。以後，西康西藏密宗各派的大喇嘛，紛紛到漢地來宏揚密教，如有名的諾那、貢噶、根桑、班禪、阿旺堪布、東本格西等。

漢地僧俗，到西藏去學密法的人，一時風起雲湧，形成了一種時髦的風氣。這些僧人們，在西藏學了密法，再回到內地，專門提倡密法。宏揚密法的人很多，其中四川僧人能海及超一，為頂尖人物。對於西藏密法經典翻譯方面，則有法尊、滿空，以及居士張心若等人。

這時，英國人的勢力，早已進入西藏，歐美的學者們，跟隨到西藏探奇的人，也就絡繹不絕於途。許多歐美的知識分子，在西藏學了密法以後，也從事經典的翻譯工作。例如密法中的六種成就法，美國伊文思溫慈博士曾翻譯為英文，而英文譯本，比漢文的譯本還要好。

也有些歐美的學者，一方面研究西藏密法，一方面又研究印度瑜伽學，再將兩者融合互混，幾乎又成了一種新興的學術，而有漸漸離開佛法，另成一獨立系統的趨勢。後來歐美所流行的催眠術，實際上就是瑜伽術的支流。

抗戰末期，一個法國女士（中文名戴維娜，曾經用法文翻譯《心經》），住在四川的成都，學習禪宗。她有二十多年的學佛經歷，曾經遊學印度、緬甸及日本各地，且在西藏學習密宗十年之久。當時她的兒子，也已經跟隨貢噶上師學密宗六年了。這位女士認為，根據二十多年的學習經驗，遊學各國而得的結論，認為真正的佛法，唯在中國，並且，以中國的達摩宗（禪宗）為最上乘等等。

西藏密宗在現代崛然興起，給研究佛學的人，以及修行的人，一種新的見聞。藏密的優劣，引起了許多爭辯。

崇拜密宗一派的說法，認為修習密宗一定可以「即身成佛」，就算不能即身成佛，也必定可以「即生成就」，最遲再過三生至七生，也就可以成佛了。

他們又認為，學習密宗，確實有「即身成佛」的人，他們的神通事蹟，就是很好的證明。

他們更認為，密宗的方便法門，是極為上乘的；密宗的顯密雙融，是任何其他宗派所比不上的；他們認為中國沒有完美的佛法，禪宗更是邪見。關於這一點，他們更舉出了宋代的漢僧大乘和尚，在西藏旅遊宏法的事，為此事的證明。

反對密宗的一派，認為密宗是魔法，是外道，只是冒著佛法的名義而存在。他們又認為，密法是偷襲了道家的修法，是由道家方士之術為基本，加以改頭換面，稱為密宗而已。其實，兩派的不同看法，和互相攻擊，只是有智慧的明眼人心目中的笑話。

在顯教方面來說，佛雖然曾經說過，由博地凡夫達到成佛，需要經過三大阿僧祇劫，但是，在經典上又有「劫數無定」的說法。況且，今生修行的人，誰能知道自己這一生是不是三大阿僧祇劫的最後一生呢？

仔細研究中國歷代的大德們，尤其是禪宗的大德，每一代都有「即身成就」、「即生成就」的人，而這些即生成就的人，都是持律嚴謹，絕對不以神通為標榜的。

根據以往的記載，歷歷可數的禪宗大德，有神通的很多，比較有名的人物，像六祖，只用一塊布，就蓋住了曹溪四境，即有四大天王現身，坐鎮四方。後來有人要殺六祖，六祖伸出脖子叫他砍，就像木頭、石頭一樣的，砍不掉。

另有鄧隱峰禪師，隨自己錫杖飛到天空，又倒立而化寂。普化禪師，振鐸到空中，隨著就超脫了。

又元珪禪師曾經降服了嶽神；破竈禪師度化了土地神；黃龍師弟二人，都具備了神通；普庵父子，也是神通變化莫測的人（相傳的普庵咒，極為靈驗殊勝）。不過禪宗的風氣，是不願炫耀神通的，深怕世上的無知人眾，被神通所迷惑，錯會正知正見，和禪宗的神祕行為。這其中的深遠與密的定義，就不是密法可以瞭解的了。所以，修行沒有達到初地的人，怎麼可以胡亂批評！所以又有一種說法，認為禪宗實在是大密宗。

再談到氣脈、明點、雙身等修法，密法的學人認為，這些修法可得即身成就，不是顯教或禪宗所能作到的。但是，再對照密典的說法，這些氣脈明點或雙身的修法，如不能即身成就，就會落於欲界或色界之中。

所以，一個修行人，要審慎的抉擇，什麼是直超聖量，立地成就，什麼是光影門頭，神通變化，那些不過是勝境而已。

禪宗大德們，在見性以後，許多神通工用，都是自然發生的，不過禪宗的行者，並不重視這些現象而已。比較起來，密宗的執著於這些神通等勝法，實在算是太通俗了。

至於說到大乘和尚的問題，當時，大乘和尚在西藏宏法的說法，似乎與禪宗相似，他的說法認為，直指人心，才能開悟佛性，如果依教奉行，是徒勞而不能成功的。大乘和尚的這種說法，否定了修持，不免流於放逸，後來被印度去的蓮花戒質問批評，大乘和尚無法回答，所以才被逐返漢土。從大乘和尚的說法看來，他的程度連知解宗徒都沒有達到，更談不到實證。所以用他來代表禪宗或其他佛法，是不合理的。

所以，將禪宗和各家佛法，都歸納入大乘和尚之流，加以否定，等於是因噎廢食。

至於那些反對密宗的人，認為密宗是屬於魔法外道，擬託附於佛教，這種說法，也似乎太過於草率。

密宗的法門，誠然是採納了魔外的學術與法門，將這些法門鎔入一爐。這個作法，一方面是吸收了魔外及不同學術的方法，一方面正可以引導廣大普徧的眾生，入於佛法的大覺智海，最後達到了與第一義不違背的原則。這個最後的目標，哪裡能算是魔外之道呢！

佛所說法中的五蘊、八識、天人之際、因明學說，都不是佛所開創的見解，而是集合了印度的婆羅門等各宗派學說，再加以整理刪集而成的。釋迦整理印度的文化學說，就像中國的聖人一樣，只是說教，述而不作。從印度原有的吠陀諸典，很明顯的就可以知道。雖然佛採納綜合了魔外的學說和法門，但是絕對不能說佛法就是魔外之法。

因為佛所證悟的不共法，與任何異教外道所根本不同的是「性空緣起，緣起性空」。這是不可說，不可思議的第一義，是中道的不二法門，這決不是任何異學魔外之道能夠相比的。

密法的最高目標，是以正知正見為依歸，是以佛的第一義為依歸。既然最終目標符合了佛法，修行程序上的方法不同，都是屬於善巧方便而已。一個修行人，如果說沒有見到本性，而說已證悟了菩提，那是屬於魔外之道，因為在這種情況下，連心法都沒有明瞭，豈能算證悟菩提，所以應該歸入魔道或外道的範圍。但是，為什麼只對修密法的人，指為是魔外之道？

至於說到密法偷襲道家方術的問題，或者道家是學習密宗法門的說法，這種爭論，千古以來是找不到證據的。

如果勉強找一個理由，可能因為道家和密宗的修持方法，極為相似，甚至相似到不可分的地步。道家和密宗，各立自己的門庭，也各有差別，這一點暫且不多作討論。

有人認為，道家和密宗，在法上說是一個起源，後來漸漸發展演變，而產生了許多支派，再加上時間和空間地域的因素，才各自獨立發展起來了。

在道家的修法中，常常發現採用部分的密咒，及作、修、瑜伽等術，而密宗中的祖師們，也有許多是漢人。

密宗的大圓勝慧法中，有「澈卻」、「妥噶」二法，據說，這兩個法是由普賢王如來所傳的。普賢王如來證得了本具五智體性，顯現五方佛，後來就傳這兩個法給金剛薩埵，由金剛薩埵再傳給極喜金剛（嘎拉多傑），再傳給妙法喜，妙法喜就傳給一個漢人，名叫希立省，由希立省再傳給住羅叔札，再至婆媽拉別札，再至蓮花生大士。

由這個傳承看來，密宗的傳法上師，是不限於僧俗的，當然也不限於種族。密宗傳承最重視的，是要真正能夠得法才行。這種不論僧俗的傳承，是與顯教各宗大不相同的。

觀音菩薩是以三十二相應化世間；華嚴宗是以萬行莊嚴達到真善美的境界，而進入圓覺。

總之，佛法一切宗派，都是用不同的法門度化眾生，而達到圓覺。這些事情，沒有佛法的智慧，是很難瞭解的。所以，花時間精神去攻擊懷疑，毀謗任何宗派，還不如自己多多反省。那些涉入偏見爭論的人，正是證明了他們程度的不夠。

東密是在唐宋時代盛行的，早已經與顯教合流了，如《禪門日誦》中的密咒部分，瑜伽焰口等，到處都有，許多密法，在《大藏經》中都可以看見，在此不多敘述。

學佛這一樁事，是真正大丈夫才能夠勝任的，有人雖然貴為帝王將相，也不一定有學佛的資格和能力。一個學佛的人，不論是哪一個宗派，最高目標都是要證悟無上菩提。既然要證悟無上菩提，第一步要做的，就是開擴自己的胸襟，增廣自己的見識，透徹瞭解各宗學說；還要行腳遍天下，訪求智識，然後才能用教乘戒行，培養滋茂福德，使自己真正能夠成為法器，到了這一步，才算有些許的入門意思。

唐太宗說：「松風水月，未足比其清華，仙露明珠，詎能方其朗潤」。能有這種氣度，才可以容納萬物，才可以與萬物合成一體。如果只是目光如豆的近視，心胸狹小得像拳頭一樣的不能容納，再加上先入為主的思想，已經占滿了心胸，門戶之見的偏爭，又堵塞了智慧，像這一類人，無論學教學禪，不管密宗顯教，都沒有什麼希望了。

為什麼呢？因為佛能得一切智，窮萬法源，心等太空，和太空一樣的無限廣闊，悲無緣起，對一切眾生都有慈悲，這種偉大的氣魄和作風，豈是像那些侷限在牆腳一樣狹窄的人，所能夠嚮往的呢！

禪宗與丹道

道家的學術相當久遠，追溯起來，由於上古時期，缺乏文獻可以參證，一般學者的研究，都說是東周時代開始，並且以孔子同時代的老子，為原始道家的代表人物。在道家自己本身的說法，都是以黃帝為道家開始的人物，所以通常都是「黃老」並稱。

在周朝以前，儒家和道家沒有分別，儒道兩家的學術是融滙在一起的。儒術是道的一種學問，儒的全體也就是道。到了周秦的時代，儒和道才開始分途，成為兩種學派。

經過兩漢再到南北朝，又演變出來了道教，道教與佛教和儒家就成為三足鼎立的形勢。

儒佛道三家的學術思想，領導了中國文化兩千多年，在這兩千多年的時間裏，出現了許多人才，也產生了許多支流派別。道教的文化，也是一樣的傳遍了亞洲各地，優劣長短不一，說法圓通的固然不少，偏見固執，爭論長短的更是由來已久。如果加以分析的話，可以分為三個時期，尤其是道家的思想學術，與佛法禪宗溝通的地方很多，非常值得加以研究探討。

周秦時代的道家

中國上古的社會政治，到了春秋戰國時代，產生了一個極大的變動。春秋戰國時代的諸侯，彼此征伐，社會動亂，造成了各式各樣的見解和學說，於是諸子百家的各種學說互爭長短，各自堅持自己的看法，想實行自己的學說見解，以使天下太平，社會安定。

這時的學說，除了有名的儒家、墨家、名家、法家以外，老子和莊子的學說，也是當時思想界的一大主流，所占的比重極高。

老子的學說，是以「清靜無為」為道的宗旨，而以「無為而無不為」為道的應用。老子的養生入道的方法，就是「虛心實腹」、「專氣致柔」；老子治世的政治原則，是「以正治國」、「以奇用兵」，以及「以無事取天下」。

莊子的學術思想，與老子格調不同，他不如老子那樣嚴肅整齊，但是莊子的逍遙博大的灑脫氣宇，和極敏銳玄微的深入思想，又另成一種作風。

莊子主張「養生適性」、「忘我復外天地」，把人世間的一切事物，都一律平等的看待，因為到頭來，一切都是歸於沒有。莊子主張「歸真返璞」，把人生在世當作是遊戲，要胸懷無物；也就是說，人雖生活在這個世界上，但是要從世俗中超脫。老莊兩人被世人尊為道家的宗主，而道家的學說，能與儒家和佛家並駕齊名，可見不是沒有道理的。

老莊的學說代表了一種學問，也是他們對於治世的一種主張和見解，就像當時其他各家的學說和見解一樣。初期的老莊思想學說，出發點並沒有成為宗師的企圖，而是被後來的人奉為宗教的教主的，這是因為學者對老莊的欽仰和尊重。

相傳孔子曾經到老子那裡請教過，對於這一件事，道教後世的宗徒們，時常引以為傲。不過這一件事的真相如何，仍是一件千古的疑案，無法考證。在司馬遷的《史記》中，也曾經談到這件事：

「老子者，楚苦縣原鄉曲仁里人也。名耳，字聃，姓李氏。周守藏之史也。……孔子適周，將問禮于老子。老子曰：子所言者，其人與骨皆已朽矣，獨其言在耳！且君子得其時則駕，不得其時則蓬累而行。吾聞之：良賈深藏若虛，君子盛德容貌若愚；去子之驕氣與多慾，態色與淫志；是皆無益于子之身！吾所告子者，若是而已」。

「孔子去，謂弟子曰：鳥，吾知其能飛；魚，吾知其能游；獸，吾知其能走；走者可以為罔，游者可以為綸，飛者可以為繒；至于龍，吾不知其乘風雲而上天。吾今日見老子，其猶龍耶！……」

「自孔子死後百二十五年，而史記周太史檐見秦獻公曰：始皇與周合而離，離五百年後而復合，合七十歲而霸王者出焉。或曰：檐即老子。或曰：非也。世莫知其然否」。

司馬遷在《史記》中所敘述的老子，可以說是撲朔迷離，司馬遷的態度只是記錄了所有老子的歷史資料而已，自己並沒有發表意見，當然沒有作任何的考證。可是，老子東出函谷關，西至流沙，最後到底下落如何，並沒有人知道。這又如何去解釋呢？這些都是疑問。

孔子問禮於老子這件事，很可能是真實的，因為當時的儒、道之學，本來是不分的。那個時候老子是周朝的守藏史，他的學問淵博是毫無疑問的，如果說他的修養和學識高深，也不是什麼奇怪的事。

孔子研究學問，本來不是從固定的老師而學，任何有學問有見解的人，孔子都會去求教的。所以，孔子問禮於老子這件事，並不表示孔子沒有學問，當然也不能增加老子任何光彩，因為研究學問，本來是應該多加探討才是正確的態度。

再看老子對孔子所告誡的話，以及後來孔子對老子的讚嘆，正可以證明老子與孔子兩人，都是極高瞻遠矚的人。不過，孔子與老子兩人仁慈救世的目的雖然相同，但是，他們的方法、路線卻是毫不相同的。其結果老子成為道家的宗主，而孔子則永為入世的聖人。後世的儒道兩家，藉著孔子問禮於老子的一句話，互相攻擊，實在違背了老子與孔子的基本精神，應該不能算是這兩位偉人的門徒。

莊周的養生學說，與老子所說的養生，已經頗有差別了。莊子的養生之法，開發了後世道家修煉方法之門。莊子主張依照宇宙的法則，保持著自然的循環，吐陳納新，使新陳代謝運轉，用導引的方法而增加生命的時間。《莊子》裡面提到，姑射這個地方的一個仙人，不吃五穀，吸風飲露，靠空氣和水維生，這種仙人，可以乘雲氣，騎飛龍而游於四海之外。道家的廣成子說：自己修身活了一千兩百歲，形體並沒有衰老；華封人說：到了一千歲就討厭這個世界了，去仙境吧！乘著白雲，就到了帝鄉。

像道家人士這些話，除了清淨無為的道以外，另有一種神祕不可知的氣氛。不過，老莊的學說，在當時社會中的地位，只不過是眾多學術中的一種而已。

到了戰國的末期，在燕國和齊國之間的地方，興起了一種「方士」，他們崇奉老莊，也稱為道家。所謂「方士」，他們是藉著餌食丹藥的力量，而使自己修成神仙的術士。這一派，後來就是道家的丹道派，當時頗受社會所信奉。

自從齊人鄒衍提倡五行的學說以來，就成為陰陽家的最大學派。陰陽家的學術內容，漸漸的與方士的學說互相融合，再加上儒家說法的浸潤，就形成了另一種道術，這種道術是用陰陽五行來解釋道。以後春秋圖讖之學，是用作預言的一種學說，一直流行到現在。道家由於融匯了各種學說，所以漸漸變得博大了。

秦始皇統一天下以後，希望自己長生不死，永遠統治著天下，所以就要去尋求長生不死的方法。秦始皇相信方士們的說辭，於是就用盡各種方法，到海外去訪求神仙，求長生不死之藥，直到最後死於沙丘，還沒有悔悟。

因為秦始皇的訪求長生不死丹藥，使得方士這一流派，大為興起。但是，方士們的這一種行為，對於原始的道教，以及老莊之道，並沒有任何幫助。

秦始皇窮兵黷武，在身心方面都是透支過度，如果同時還想求得長生不死，根本就不符合清靜無為之道，並且與清靜無為正好相反。所以說，並不是秦始皇被方士們所誤導，而是由於方士的原故，而誤導了秦始皇。

在秦始皇的時代，印度的婆羅門教，已經到中國來傳教了。在佛家的史藉中，記載秦代時有沙門來到中國。所謂沙門並不一定是指佛教的出家人，在印度，凡是出家修行的人，都可以稱為沙門。依這個時間推算，這裡所說的沙門，應該是指婆羅門教的出家人。照這種情形看來，秦代的方士之術，似乎與婆羅門及瑜珈等術，都早有溝通及關聯。東亞的神祕之術，也有可能都是同一個發源。

漢晉南北朝的道教

秦始皇統一中國之後，劃分了郡縣，以為自己的功德和對社會國家的貢獻，已經超過了歷史上任何一個帝王，進一步就想求長生不死的方法了。秦始皇派遣了徐市（《括地志》中謂即徐福），帶領了數千名童男童女，到海上去訪求神仙。這件事的影響，使道家丹道派的聲勢，就普遍起來了。

漢代興起以後，雖然尊奉儒家的學說為統治國家社會的正統，和道德的標準，但是丹道派已經建立了社會鞏固的地位，卻是一個不爭的事實。因為任何一種學術，既然已經深入民間，它就有很大的影響力。丹道派的學說，一方面可以從現實的世間超脫，一方面又可以乘雲飛翔於虛空，在八方的太虛空中翱翔。於是在現實生活之外，另有一種神祕莫測的境界可以使人追求。世上的人誰不願意長生不老呢？所以丹道派的學說思想，正是人類心理所嚮往想追求的。

劉氏建立了漢朝天下以後，上至帝王，下至販夫走卒，都被丹道派的觀念所影響。到了漢文帝的時候，採用黃老之學，作為政治的統治方法，使得厭倦戰亂的老百姓們，才能得到一些休養生息的機會。這種施政方針，在當時收到很大的效果，因此道家的學說也得到有力的證明。

漢文帝所崇奉的黃老，並不是方士之術，他所採用的治世之道，是黃老的學說，即內在是清靜無為的，而在外是要除去人類的慾望。文帝是以這樣的思想來治理國家，並不是求長生不死的方法。

漢武帝則是非常著迷於長生不死，《史記》封禪書中記載有漢武帝禮遇李少君的事。漢武帝相信李少君所說的祠竈（祭祀丹竈，以求練丹成功）、穀道（避穀不食，或者是導引的方法）是長生不老的方法。然後派遣這些方士到海外去尋找蓬萊仙山，訪求安期生這一類的神仙，以求長生不死之藥。李少君並且引證說，黃帝之所以能夠成仙，所謂的鼎湖升天，是因為黃帝遇見了蓬萊仙山的神仙，並對神仙加以封禪之故。另外像《神仙傳》等書，記載了漢武帝禮待欒大，並且造了一個承露台，因而感應了西王母降神的事。這一些說法都很撲朔迷離，神祕莫測。

直到後來引發了後宮的巫蠱之禍的慘劇，都是漢武帝自己所招來的。在漢武帝晚年時，受到奸臣江充等人蒙蔽，而產生巫蠱之禍的宮廷悲劇，這也跟武帝熱衷長生不死之術有很大的關係。

後漢桓帝也非常崇信道教，當時在四川沛縣有一個叫張道陵的人，在鵠鳴山中學道修煉，造作了很多道書在各地流傳，創立了五斗米教，凡是隨他學道的人，交五斗米就是學費了。

張道陵的弟子中，有鬼卒、祭酒等這些名稱，用符水及咒語等方法來替人治病，信奉的老百姓非常之多。張道陵死後，他的兒子張衡繼續領導五斗米教，張衡死後再由張魯繼行其道。後來演變才有漢代末年黃巾張角等人，藉著道術而從事政治變亂的活動。

其實黃巾張角一派人，自稱為「太平道」，就像清代的太平天國一樣，是藉著天主教籠絡人心而已，與張道陵的五斗米教並無直接關係。後世的人將他們混為一談，實際上是錯誤的。（事見《三國志》張魯傳，《後漢書》皇甫嵩、劉焉二傳）。

張道陵的教派傳到了張魯時，把五斗米教更發揚光大，並且自稱為「天師君」。張魯的兒子張盛，遷移到了江西的龍虎山，並且繼承天師這個稱號，一直傳到了元順帝至元年間。那時張氏的後代是張宗演，被皇帝封為「輔漢天師」，遂成為後世所稱的張天師道。

張天師道，在歷代王朝及民間的心目中，是朝野默認的道教領袖。其實這一派的道術，並不是原始道教，也不是老莊道家的道。張天師派是崇尚符籙術法，與方士們的服食丹藥修煉也都不相同。天師道後來被併入了道教，稱為「正一派」，這只是時勢所造成的罷了。

三國時代產生了許多特異的人物，如于吉、管輅、左慈等，有的是用卜筮占驗，有的是以方術表現奇技，這些又形成了道教的另一派系。又如東漢時的方士費長房，當時與初期傳入我國的佛教，早已結有因緣。後來隋朝時也有一個名叫費長房的人，他有佛經目錄等著作，這個費長房並不是道家的人物。

到了晉朝，出了一個名叫葛洪的人，他對於道教各派的溝通，有很大的貢獻。葛洪所著的《抱朴子》一書，將玄道、煉服、符籙、占驗等匯集成一家。根據現代學者的考證，認為《列子》《淮南子》等書，都是兩晉時代人的著作，不過是託了古人的名字而已。如果這個說法真實，則兩晉時代道家思想，確有開啟後世，繼往開來的意義。

梁代道家最傑出的代表人士是陶弘景，世人又稱他陶隱居。這位陶隱居具有絕世的清才，博學能文，更具備了輔佐帝王的才能。他隱居在山林中，被世人尊為山中宰相。他雖然有極尊貴的名聲，又是極被重視的人物，但一生卻是以修道為任務的，實在是一個千古的高人。

陶隱居一生的著作很多，大多數是建立道家的學說，又因為他對於燒煉服食非常精通，所以對於醫學也很有特長，他所著作的《肘後百一方》等，很受醫學界的推崇。另如《卜筮略要》《七曜新舊術數》等書，則是在占驗方面很受重視的書籍。另外《登真要訣》《真誥》兩本書，則是道家很重要的經典。陶弘景的博學多能，融匯了道家各派的理論，跟葛洪所編的丹道學術比起來，更博大而且擴充很多。《道藏》裡，陶隱居的傳記記載：

「齊梁間，王侯公卿，從先生受業者數百人，一皆拒絕。唯徐勉、江祐、丘遲、范雲、江淹、任昉、蕭子雲、沈約、謝瀹、謝覽、謝舉等，在世日，早申擁篲之禮。絕跡之後，提引不已。沈約嘗疾，遂有掛冠志。疾瘉，復留連簪紱，先生封前書以激其志。約啟云：上不許陳乞。先生嘆曰：此公乃爾蹇薄」。（《華陽陶隱居內傳》）

陶弘景一生都致力於道，在他那個時候，佛法已經開始昌盛了。他既博學又喜研究，所以早已留心到佛法的問題，並且也讚揚佛法，認為佛法的最終目標是很澈底的。如此看來，當時佛道兩家，似乎已經互相影響，並且互相滲透了。在隱居時，他的〈答朝士訪仙佛兩法體相書〉中說：

「至哉嘉訊，豈蒙生所辯。雖然，試言之：若直推竹柏之匹桐柳者，此本性有殊，非今日所論。若引庖刀湯稼從養溉之功者，此又止其所從，終無永固之期。但斯族復有數種，今且談其正體。凡質象所結，不過形神，形神合時，則是人是物，形神若離，則是靈是鬼，其非離非合，佛法所攝，亦離亦合，仙道所依。今問以何能而致此仙？是鑄煉之事，感受之理通也。當埏埴以為器之時，是土而異於土，雖燥未燒，遇濕猶壞，燒而未熟，不久尚毀，火力既足，表裏堅固，河山可盡，此形無滅。假令為仙者，以藥石煉其形，以精靈瑩其神，以和氣濯其質，以善德解其纏，眾法共通，無礙無滯，欲合則乘雲駕龍，欲離則尸解化質，不離不合，則或存或亡。於是各隨所業，修道進學，漸階無窮，教功令滿，亦畢竟寂滅矣」。（《藝文類聚》七十八）

從後漢到南北朝這一段時期，佛教傳來中國，其勢真如風車旋轉一樣，連續不斷。佛法的教育與修持，與儒家之間牴觸不大，摩擦較少，但是與道家之間就不單純了。一般來說，佛法在南方與道教還可以相安無事，但是在北方摩擦就很大了。

道教發展到了南北朝，在一共四百多年間，已經由原始道家的老莊之學，收羅了方士的燒煉、養生、服食，醫藥、占驗、符籙等等，而形成了一種宗教，這個道家宗教，於是便與佛教互爭長短了。

因為我國原本並沒有宗教制度，道教在開始的時候，唸誦經典，建築道觀，樹立各種禮拜儀式等，都是模仿佛教的。道教漸漸發展出來的內容，如「無極」、「太極」等名辭，則是從佛教的「空」、「有」這些觀念移植來的。

任何學說，當發展成為宗教以後，本來應該具備的那種仁慈寬大胸懷，由於主觀的形式見解，不免產生偏見，道教和佛教也因為這種偏見，成為水火不容了。

東晉時有一個道士名叫王符，曾經偽造《老子化胡經》，用來標榜道教的崇高。到了北魏太武帝的時候，有些弄權的大臣們，如寇謙之、崔浩信一類的人，都慫恿武帝滅僧排佛。

到了北周武帝時，又發生了滅佛的事。這些都是道佛兩教互相爭奪地位的慘痛史。唐朝剛建立的時候，傅奕向唐高祖奏請排佛，當時蕭瑀就在朝廷上與他爭論，並說：「地獄正為此人設也」。其實他們所爭奪的雖然是宗教的事，但都是出自於自我的私心，這種爭權奪利，與仙學丹道是毫無關係的。

唐宋元明清情形

唐朝統一天下以後，對於道教的尊崇，並不低於佛教及儒教，因而形成了三教並駕齊驅的局面。

唐朝是李家的天下，老子剛好也姓李，因為同姓的宗族觀念，唐朝就推尊老子為「太上玄元皇帝」，又封莊子為「南華真人」，封列子為「冲虛真人」。《莊子》這本書改為《南華真經》，《列子》這本書則改為《冲虛真經》。

唐代崇尚玄學，在《舊唐書》的〈禮儀志〉中記載，京都設有博士助教，並且設置學士一百人之多。唐朝歷代的帝王，常有為求長生而服丹藥的。男女道士之流的人物，在各州郡都有，像武則天、楊貴妃、玉真公主等，都曾作過女道士，在唐代的后妃公主中，可以查考曾經作過女道士的，不下四十多人。

唐代的詩人墨客，為皇室女道士的事，常常有諷刺的辭句，如韓愈的詩：「雲窗霧閣事窈窕」。李義山的聖女祠詩：「絳節飄香動地來」等，都是屬於諷刺女道士的文句。

當時道教的道觀也到處都是，李義山題中條山道靜院的詩：

紫府丹成化鶴群　青松手植變龍文
壺中別有仙家日　嶺上猶多處士雲
獨坐遺芳成故事　褰帷舊貌似元君
自憐築室靈山下　徒望朝嵐與夕曛

可見唐代道教的興旺。可是到了唐武宗的時候，一度又發生過滅佛毀僧的事件。

唐代的佛道二教，都達到了鼎盛時期，佛教的經論固然不少，道教的經典書籍，也極為繁多。唐僖宗的時代，有一個道士杜光庭，著述尤多，如《道教靈驗記》《神仙感遇傳》《墉城集仙錄》《洞天福地嶽瀆名山記》等，都是杜光庭的作品。後來杜光庭到了四川，當時四川的節度使王建非常賞識他，因此他的官運亨通，一直作到諫議大夫，戶部侍郎等。杜光庭又偽造了許多佛經以及道經，後來凡是偽書沒有根據的，都稱為「杜撰」，就是杜光庭所撰的意思。

然而，在唐代的時候，另有神仙丹道一派暗中已經建立起來了。這個神仙丹道派，是直接承襲了原始道家，而以老莊的學說為中心而發展起來的。這一派與禪宗漸趨合流，其中最具代表性的人物，就是呂巖真人（呂洞賓）。

到了宋代，宋徽宗最重視道教，他崇奉一個道士林靈素，竟以師禮相待。當時，降鸞扶乩的法術極為盛行，造成一種非常愚昧迷惑的情勢，結果弄得徽宗父子反而為臣子所俘，最後老死他鄉，實在可嘆。

說起來，這也不是道教的過失，宋朝最後的國破家亡，也不能完全歸罪於信奉道教。宋徽宗雖然沒有排斥佛教，但卻因他極端信奉道教，屢次廢了佛寺，改為道觀。當時的禪師，以身殉道，或者以道行感悟人的，為數不少。如：

「處州法海立禪師，因徽宗革本寺作神霄宮，師陞座告眾曰：都緣未徹，所以說是說非，蓋為不真，便乃分彼分此。我身尚且不有，身外烏足道哉！正眼觀來，一場笑具！今則聖君垂旨，更僧寺作神霄，佛頭添個冠兒，算來有何不可！山僧今日不免橫擔拄杖，高掛鉢囊，向無縫塔中安身立命，於無根樹下弄月吟風。一任乘雲仙客，來此咒水書符，叩牙作法，他年成道，白日上昇，堪報不報之恩，以助無為之化。祇恐不是玉，是玉也大奇！雖然如是，且道山僧轉身一句作麼生道？還委悉麼？擲下拂子，竟爾趨寂。郡守具奏，詔仍改寺額曰真身」。

「又汝州天寧明禪師，改德士（即道士）日，登座謝恩畢。乃曰：木簡信手拈來，坐具乘時放下，雲散水流去，寂然天地空。即斂目而逝」。

道家學術，由秦漢時代的方士逐漸轉變為道教，到了唐宋時代，因為受到禪宗的影響，又發生了變化，漸漸擺脫了支離駁雜的道教，再直接承繼原始道家及老莊的學說，而產生了金丹大道的學說。這中間的代表人物，有唐代的呂純陽（呂洞賓），宋代的張紫陽（伯端）以及白紫清（玉蟾）等人，他們都是關鍵性的人物。

自此以後，丹道的學術，與道教的原來面目，不免有改頭換面的地方。不過，後世人談到道家的時候，都以丹道為道教的中心，就好像唐宋以後的人，在談到佛法時，就把禪宗當作了全體的佛法一樣，二者都是異曲同工之妙。清朝人方維甸，校閱了《抱朴子》內篇，曾作序言說：

「余嘗謂漢之仙術，元與黃老分途。魏晉之世，玄言日盛，經術多歧，道家自詭於儒，神仙遂溷於道，然第假借其名，不變其實也。迨及宋元，乃錄參同爐火而言內丹，鍊養陰陽，混合元氣。斥服食胎息為小道，金石符咒為旁門，黃白元素為邪術；惟以性命交修為谷神不死羽化登真之訣。其說旁涉禪宗，兼附易理，襲微重妙，且欲併儒釋而一之。自是漢晉相傳神仙之說，盡變無餘，名實交溷矣」。

唐宋間的丹道學術，再由原始道家的學說，吸收了儒家的思想，加上佛教禪宗的影響，就出現了新面目。最顯著的是張紫陽和白紫清二人，他們兩人都是用禪理而論爐鼎藥丹的學問。

到了宋代末年，北方崛起了一個道家的邱長春（處機）真人，這位邱真人學問道德都極為優秀，他的崛起奠定了道家「龍門派」的基礎。

邱長春和馬丹陽、孫不二等七人，都是重陽真人王嘉的學生，在這七個人當中，邱長春的年齡較小，但是經過不懈的努力，終於成為道家一代的宗師。

那時的金人，因為仰慕邱長春的道德學問，曾屢次去聘請他，都被他拒絕了。但是他卻接受了元太祖成吉思汗的聘請，從山東的萊州出發，經過重重的困難，到了大雪山（按：據考證在今阿富汗境內）與成吉思汗見面。他把西行到大雪山跟成吉思汗見面的事記載下來，名叫《西遊記》，不是小說《西遊記》。在他跟成吉思汗的談話中，他力勸元太祖避免殺戮。

邱長春談玄學，論道法，非常平實易懂，以清虛為中心主旨。他的這種作法和見解，掃除了以往方士們的習氣，所以丹道的門庭從此出現了新面目。

邱長春的學術非常實在，而且融匯了儒佛道三家的菁華。當時有名的儒士們，有與邱長春相識來往的，都稱讚他為一代聖人。由此可見，邱長春的人品學問，必定是使人產生了深刻的印象和敬仰。

龍門派又被稱為「全真教」，其中的含義，是具備了三教的真理，並不是方士的道術。金朝的元好問在離峯子的墓誌銘上寫道：

「全真道有取於老佛家之間，故其寒餓憔悴，痛自黔劓，若枯寂頭陀然。及其得也，樹林水鳥，竹木瓦石之所感觸，則能穎脫，縛律自解，心光曄然，普照六合，亦與頭陀得道者無異」。（《元遺山文集》）

又，元代元和子長春觀碑記云：

「全真之教，微妙玄通，廣大悉備，在人賢者識其大，不賢者識其小。大抵絕貪去欲，返璞還湻，屈己從人，懋功崇德，則為游藩之漸。若乃游心於澹，合氣於漠，不以是非好惡，內傷其生，可以探其堂奧矣」。

到了宋元以後，所謂道家，大都是指南派張紫陽，北派邱長春兩派的丹道學說。不過，這時的丹道學術，與以往的道家或道教，是完全不同的，研究這個學問的人，必須要搞清楚才行。

到了明清兩代，丹道派除了已有的南北兩派外，又產生了許多其他的派別，和許多不同的學說。其中比較有名的就是西派和東派。這些新的支派，有些是以單修性命為宗旨，有些是以陰陽雙修為主旨，任何支派都是以呂純陽為宗祖。所以，這四派雖然在修法上有區別，但統統是呂純陽以後的支流。

清代的道家學者很多，而以劉悟元和朱雲陽兩人最有成就。劉悟元曾著有《乾嘉道學》一書，劉朱兩人的道學都融合了禪宗。其中劉悟元的理論和修煉，是盡量排除方士的說法，純以清靜為主，再參合佛理中的重點要旨，創立了丹道法中的新格調。劉悟元羽化仙逝後，遺留下來的肉身，就存在甘肅省成陵縣的朝元觀。

此外，在成都雙流有一個劉沅（止唐），他一方面是乾隆嘉慶間的大儒，一方面又在四川西部講授道學，世人稱為「劉門」。據傳說，劉沅曾經親自得到老子傳授的口訣。劉沅在青城山隱居八年，道業成功了，也有很豐富的著作，他的論點也很平易實在，並且對於儒佛道三家，都有闡述和論點的發揮。他的教授方法，似乎包含了西藏密宗的成分，也許是臨近西康及西藏的原故，所以學術思想難免有相互融合影響的地方。劉沅的這一支派，差不多等於元代的「全真教」，及明代的理教，也算是儒佛道三教中變化出來的一系。

道家的學術在晉、宋、元三個時期，另有三家各自的學術，也都很受重視，但是卻不列入任何派系。這三家就是晉朝的魏伯陽，宋朝的陳摶，以及宋元間的張三丰。

魏伯陽著了一本書叫《參同契》，他是用陰陽五行的學說，以及爐火丹鼎的理論來解釋道學的，他是丹道正統的宗祖。

陳摶精通《易經》，所以他是以《易經》的道理，無極太極的學說來解釋丹道的。後來當陳摶的學說傳到邵康節的時候，易數的學說，就發揮到了最高點，並且漸漸變化進入儒家的理學。陳摶的學說，保存了道家的真精神。

宋元間的張三丰，是以燒煉丹法，以及修氣調御為主要的修行，他可以算是方士中的優秀仙才。

除此以外，道家的支流，在明代萬曆時，有伍冲虛和柳華陽師徒兩人，他們是丹道的特別一派，他們所傳授的是性命雙修的學術，世人稱這一派為「伍柳派」。

伍柳派的學術想，也帶有佛道兩家的味道，但他們對經典的意思都解釋錯了，並且夾雜了其他旁門左道的學說。這一派主要是以修氣修脈，鍛鍊精神為主。他們的方法都脫離不了「服氣」的範圍，他們的理論，都只是佛道兩家的糟粕部分。這一派的方法對於養生除病也許會有些幫助，如果用他們這些方法想得道成仙，似乎是不可能的，因為這些方法只能算是歧路而已。

但是伍柳派到今天為止，卻在各地盛行，許多學丹道的人，都爭著去學伍柳派的方法。學術對人心的擾亂，實在太嚴重了，並且一般人不容易判別法門的優劣，也是一件很可悲的事。

道教的經典書籍

在中國古代的時候，儒家和道家的學說是混合在一起的，並沒有什麼區別。較早提出這一種看法的人，是南宋的陸九淵（象山），清朝初年的崔述，也持同樣的看法。

許多儒家的書籍中，都摻入了道家的議論，如戰國末年的《呂氏春秋》、西漢初年的《淮南子》《韓詩外傳》《春秋繁露》等，其他如《論語》《禮記》也是一樣。

自從戰國時代的道家名人鄒衍，引用了《尚書》中洪範九疇的內容，創立了五行學說以後，使得我國學術思想大受影響。自此以後，兩千多年來的中國學術思想，都沒有脫離陰陽五行的範圍。西漢末年所出的《緯書》，經過發展演變，形成了後世的圖讖學說。陰陽術數的學說，已經在不知不覺中，滲入了儒道的中心思想了。

道教的經典發展到了宋代及明代的時候，才仿照了佛教經典編輯方式，把所有的道經彙集，編輯成為《道藏》。再經過後來不斷的增添，現在全部的《道藏》，共有五千四百八十五卷，而其他散失的丹經旁說，沒有收集在內的也還不少。

《道藏》的收集，十分廣泛而複雜，其中包括了各家的學說，有儒家、陰陽家、兵家、醫家等等，一概收羅在內。在四川成都的青羊宮，連《諸葛武侯集》，都被收入了《道藏》。因此學者們稱《道藏》是「綜羅百代，極盡精微廣大」，的確也不是誇大的話。

宋真宗的時候，命令張君房去作祕閣道書的校正工作，張君房將《道藏》

書中最菁華重要的部分，編輯成為《雲笈七籤》，成為道教經典書籍叢編的宗典。道家的學說在這個《雲笈七籤》中，都完全具備齊全了。

這部書把道書分為「三洞四輔」七部分。所謂三洞如同佛教的三乘，上乘是天寶君所說的〈洞真〉，中乘是靈寶君所說的〈洞元〉，下乘是神寶君所說的〈洞神〉。所謂四輔是〈太元部〉〈太平部〉〈太清部〉〈正一部〉。三洞是經典，四輔是對三洞經文的補遺或是論述，太元輔洞真、太平輔洞元、太清輔洞神，〈正一〉則是各部的補充。

這部書統稱為《三洞真文》，分為七部，共有一百二十二卷，其中所收羅的，有經教宗旨及仙真位籍的事，服食、煉氣、內丹、外丹、方藥、符圖、守庚申（按：又稱守三尸或斬三尸，就是在庚申日通宵靜坐不眠以消滅身內三尸蟲）、尸解諸術等，以及前人的詩歌、文學、傳記之類，凡是與仙道有關的，都編進去了。（有商務印書館《四部叢刊》影印本）

《道藏》的編輯方式完全仿照佛經，共分為三洞十二類，三洞就是洞真、洞元、洞神。十二類就是本文、神符、玉訣、靈圖、譜錄、戒律、威儀、方法、眾術、記傳、讚頌、表奏。

明朝正統年間，宋披雪雕印《道藏》四百八十函，五千三百零五卷。萬曆三十五年，天師張國祥也編集了《道經》，增加了三十二函，一百八十卷，使《道藏》更為完備。其中所收羅的，還包括有周秦時代諸子之書，晉唐時代遺失的書籍等，所以《道藏》中所收集的，對於保存我國的文化有很大的貢獻。

明朝天啟年間，上元道人白雲霽（字明之，道號在虛子），作《道藏目錄詳註》，共有四卷，他所作的考證，頗為廣泛，對於研究《道藏》提供了很寶貴的資料。另外還有一部《道藏輯要》二百冊，《道藏菁華錄一百種》，都是屬於摘錄道藏中重點的著作。

道家的學術中，有關丹法的著作稱為「丹經」，丹經是與道教方士之術無關的，丹經擺脫了方士的範圍，是直接說明丹法的。自從魏伯陽引用《易經》，著作了《參同契》一書後，後來所有研究討論丹道的學術，都以《參同契》為基礎學說。以後丹道的正統著作，僅次於《參同契》的，有宋代張紫陽的《悟真篇》。另外的各種有名的著作如《入藥鏡》《翠虛篇》《指玄集》《性命圭旨》《規中指南》《中和集》等等很多。

清代朱雲陽的《參同契闡幽》《悟真篇闡幽》，都是用禪宗的理論，融合於丹道的學說，另有一番見地，皆為偉大的著作。

另有劉悟元，共著書有十二種，在他的著作中，都流露出清虛平實的味道，掃除了以往方士的習俗。除此以外，在他的著作中，已發揮了佛學的知識見解。他所著的《修真辨難》這本書中，所持的論點相當實在，可作為丹道的標準。

另有一個人名叫閔一得（小艮）的，在他所著的《古隱樓叢書》中，內容包含頗為雜亂，缺乏次序及中心，距離真正的道法很遠。

清代的黃元吉，著有一本言辭非常輕鬆幽默的書，書名是《樂育堂語錄》，這本書充滿了儒家的氣息，是道家的正派。

另外如伍柳所著的《天仙正理》《仙佛合宗》《金仙證論》《慧命經》等，只能算是丹道的歧枝，不是丹道的正路。

按照道家的觀點來說，正統的道家著述，除了前面所說的以外，還有呂祖的《百字銘》，曹文逸所著的《靈源大道歌》，孫不二所著的《女丹詩》等。這些著作，都能簡要的指出道的玄要，以及其中的重點妙訣，丹道的最菁華部分，都已包含在這一些書中了。

道家的經典，最重要的就是太上十三經，就是《道德經》《陰符經》《清靜經》《玉樞經》《日用經》《洞古經》《五厨經》《金穀經》《循途經》《護命經》《大道經》《定觀經》《明鏡經》《文終經》《老子真傳》《辨惑論》。

另外，道家在醫藥方面，有《黃庭內外景經》與《黃帝內經》（靈樞、素問）。如果將這兩部經對照研究，再參合研究藏密的《甚深內義根本頌》，對於道家的養生、服氣，及修脈的方法，以及中西醫學、生理學等等，就會有一種融會貫通的知識和瞭解。如能再加以發揚的話，一定能對人類有所貢獻。

至於陸潛虛所著的《方壺外史》，張三峯（不是張三丰，這個三峯是主張陰陽雙修的方法）所著的丹訣，都應該列為另外一支，屬於雙修的支派。雙修的方法中，如果說好的話，就和密宗的無上瑜伽，雙身修法的欲樂大定相同。但是陸潛虛的方法，似乎不止如此。雙修法的次流，就是那些《素女經》《玉房祕訣》等，所謂房中術之流，充滿了邪見和不良的方法，不值得一說。唐代的帝室宮庭就是充滿了這些亂道，就如同元代的內庭中，充滿了密宗的雙修之亂一樣，都是屬於佛道中的不幸事件。

其他的還有藉著扶鸞、扶乩所產生的著作，或偽託他人的名字，或假借古仙的遺著，或對於寓言或經典中的隱語加以演繹。這些有的是創作，有的是註釋經典，其中有玉有石，讓人難辨真假，談不到參考的價值。像這一類的著作，沒有適當的名稱，姑且稱他們為「道瘤部」。

道家的學術演變成為道教，再演變而成為丹道，是經過一段很長的時間，所以歷代所收羅涉及這方面的書籍，實在極為駁雜。清代的紀昀說：

「後世神聖之跡，多附於道家，道家亦自矜其異，如《神仙傳》《道教靈驗記》是也。要其本始，則主於清靜自持，而濟以堅忍之力，以柔制剛，以退為進，故申子韓子，流為刑名之學。而《陰符經》可通於兵，其後長生之說，與神仙家合一，而服餌導引入之。房中一家，近於神仙者，亦入之。鴻寶有書，燒煉入之。張魯立教，符籙入之。北魏寇謙之等，又以齋醮章咒入之。世所傳述，大抵都附後之文，非其本旨。彼教自不能別，今亦無事於區分。然觀其遺書，源流變遷之故，尚一一可稽也」。（《四庫全書總目提要・子部・道家類》）

道教的經典書籍中，很多名辭都混淆不清，定義閃爍，很難瞭解，寓言法象，如陰陽、爐火、坎離、龍虎、男女、黃白等等，每個老師都另有解說，不能統一名辭的定義。而且其中的文辭和道理法則，多是荒誕不經，而且淺陋，使人無所適從，愈學愈迷糊。不過，在道教典籍中，常見瓊寰玉宇，芝閣琳宮，縹緲清虛等描述，讀起來使人有一種飄飄欲仙的感覺，可以算是道書中的一種境界。

丹道之類別

道家的學術，內容極為廣泛，包括有天文、地理、陰陽、術數、醫藥、星相、符籙、技擊等等。用道家的學術配合服氣、煉養、服餌、燒煉等，就趨於玄微奧妙了。就像在地理方面有堪輿學，在術數方面有占卜筮術，在符籙方面就有驅遣鬼神，在技擊方面有劍術和外功，修練到形氣合一是練劍的最高成就。練功又可分為內外兩種工夫，練氣為內功，練筋骨為外功。

道家的這一些學術和工夫，都是要歸於道，合於道，其中的道理非常博大精深，絕不是一般淺見的人所能想像。

梁啟超論及道家的道術時，將他們分為四派，即丹鼎派、符籙派、占驗派（卜筮占吉凶），及玄學正派。以何晏、王弼、向秀、郭象等人，為道家學術的正派。

梁啟超所作的分類，仍然是以道家的整體為對象，不過符籙派的學術，在道家本身的觀點，屬於正一派中的「南宮」派。「南宮」是指以陰陽、五行、符籙等，使人趨吉避凶，但是這並不是道的正宗。

道家所說的修仙，都是以丹法為主要修法，丹法又有外丹和內丹兩種。內丹的學術，包括了守一、服氣、煉養；外丹的學術，包括了服餌和燒煉。內外丹中又各有上中下三品的說法，用以區別修行的程度和成就。

除此之外，又有三元的區別，即天元、地元、人元。另外還有單修和雙修的不同方法。

修道的人，不論採用哪一種方法，最基本的就是要具備法、財、侶、地四個條件。

至於修行人的成就，又可以分為神仙、天仙、地仙、人仙、鬼仙等的等級和區別。薛道光在《悟真篇》註中說（按：《四庫全書》總目提要謂薛註，實際上是翁葆光註）：

「仙有數等，陰神至靈而無形者，鬼仙也。處世無疾而壽者，人仙也。飛空走霧，不饑不渴，寒暑不侵，遨遊海島，長生不死者，地仙者。形神俱妙，與道合真，步日月無形，入金石無礙，變化無窮，隱顯莫測，或老或少，至聖如神，鬼神莫能知，蓍龜莫能測者，天仙也。陰真君曰：若能絕嗜慾，修胎息，存神入定，脫殼投胎，托陰陽化生而不壞者，可為下品鬼仙也。若受三甲符籙，正一盟威，上清三洞妙法及劍術尸解之法而得道者，皆為「南宮」列仙，在諸洞府修真得道，乃中品仙也。若修金丹大藥成道，或脫殼或冲舉者，乃無上九極上品也」。

依照這個說法，各宗的傳授，大體上是沒有什麼不同的。不過，在朱雲陽所註釋的《悟真篇》中，對於天仙意義的描述，形跡上雖然是仙，事實則進入佛的境界了，如：

「世人纔說學仙二字，除卻黃白男女，便以吐納導引，搬精運氣者當之，至為淺陋可笑，不必言矣。又聞道家說有五等仙，天地神鬼，優劣判然。佛家說有十種仙，壽千萬歲，報盡還墮。學道之士，茫茫多歧，莫知適從。豈知無上至真之道，只有天仙一路而已。此非五等仙中留形住世，十洲三島之仙，亦非十種仙中，不修正覺，報盡還墮之仙，乃無上仙也。此天非凡夫欲界、色界，有漏之天，並非外道非想非非想定，無色界，銷礙入空；與夫窮空不歸，八萬劫終，畢竟輪轉之天，乃第一義天也」。

道家最正統的天仙丹道，在學術思想上說來，已達到最高的境界，後來經過一再的變化，已經進入了禪的範圍。至於道家的許多旁門左道，以及邪見邪說，實在沒有什麼可取之處，可以棄之不顧。

丹道的門庭，發展為四派，就是北派、南派、東派和西派。

南派的丹道，又稱為南宗，最早是由東華帝君將丹法傳授給鍾離權，由鍾離權再傳給呂洞賓，呂洞賓又傳給了劉海蟾，劉海蟾再傳給張紫陽，以後接續相傳，至石杏林、薛道光、陳泥丸、白紫清（玉蟾）、彭鶴林。

南派的丹道，最高的境界及傳授，是以禪語來解釋丹道，在這方面以張紫陽及白紫清的著作最為明顯。在張紫陽的《悟真篇外集》和白紫清的《指玄集》中，都是盡力掃除寓言法象，而採取直陳心法的方法。

北派的丹道，是由鍾離權傳給了王重陽開始，王重陽傳授給了馬鈺、孫不二、譚處端、劉處玄、邱處機（長春）、王處一、郝大通等七人，後來邱長春大大闡揚了道法，成為北宗的「龍門派」。邱長春傳授道法的作風也是非常平實，絕沒有標新立異荒誕不經的說法。

東派的開始是明朝的隆慶年間，當時有一個叫陸潛虛的人，據說感動了呂祖，降臨到他的家中，並在陸潛虛的北海草堂停留了二十多天。在這個期間，陸潛虛從呂祖學到了丹法，後來這一派的傳授，就是道家的東派。東派的修法是以雙修為宗，非常迷離難測，後世藉著這一派的說法，又發展出來很多的邪說。

西派的開始是在清代的咸豐年間，據說當時在四川峨嵋山，道人李涵虛曾親自在禪院遇見了呂祖，呂祖祕密傳授了玄旨給他，後來就成為西派。李涵虛曾著有《道竅談》等書，被公認為西派的祖師。

總之，丹道的四派，追溯起來，都是以呂純陽為祖師，再向上就是東華帝君，再上就是「老君」了。

老子的學說，是以清靜無為為主旨，這個基本思想，在《道德經》中已說得很明白了。如果說到爐鼎、水火、陰陽、五行等而談丹道，則是從晉代的魏伯陽開始的。在道家丹道的學說中，呂純陽是集其大成的人，所以四派的學說，都是以呂純陽為祖師的。至於道家的伍柳一系，則不在此內，而是例外的一支。

至於那些旁門左道，成為邪說魔流的，連道家自己都在極力排斥；一般認為，道家的旁門有八百，左道有三千之多，名目種種不同，很難算出來到底有多少。

道家的學術，是很容易流入神祕邪說，這個現象並不是現在才有，遠在晉朝時，葛洪所著的《抱朴子》一書中，已經詳細列出了許多妖言妄語。在現代的社會上，相傳某某道、某某社或某某會等，很多都是元代時白蓮教所遺流下來的。這些遺流下來的宗派，又採用了一些佛教或道教的言說，勉強說些牽強附會的道理，自以為是道的宗旨，流傳久遠以後，偏見誤解更深，宗旨是什麼，連他們自己都不知道了。不過，像這一類的遺流，在行為方面，也有些小善的表現，不過是藉學道而惑人心，並不能走入正路，而且很容易被狡滑的人利用。有政治野心的人，又不明白人文政治教育的基本要義，反而弄得犯法獲罪，死後墮入地獄，實在可憐。只好說幸虧有地藏王菩薩，在地獄中等著，或許可以拯救這一些癡迷的眾生吧！

佛道優劣之辨

道家是把金丹當作一種方法，而以證真登上仙位為最終目標。金丹的內丹，是以自己的身心，作為修行的基礎。道家所說的爐鼎以及坎離，也不過是身心止觀的另一個名稱而已。守竅存神的意思，是先要調和自己的氣脈，解脫自己對身體的執著，然後再達到制心一處，漸漸進入禪定的階梯。

外丹是服用藥物，最初是用藥物幫助改變自己身體的氣質，使身軀達到心定神閒的境界，才能進入禪定解脫。

正統的丹道學術，所談到的寓言法象，是指在禪定過程中，種種的覺受境界，再由禪定解脫程度的深淺，來決定禪定果位，並沒有什麼神祕的地方。

上品丹法，是以身心為鼎，以天地為爐，這個說法就吻合了禪宗頓超的意義，可以說上品丹法已經進一步接觸到了佛法，和禪宗融合了。所以丹道學術除了丹法以外，最終是以禪宗的圓頓之旨為依歸的。

禪宗中的知解宗徒，與那些狂禪之流，捨棄了禪定工夫，實在連丹道派都不如。不過禪宗裡一些具有正知正見，見地透澈，渙然解脫的人，則又認為丹道的說法還是有缺失的，因為一切的說法，對解脫的人來說都是多餘的。

世界上的人，心理行為各個不同，每人都有他自己的積習。已經開悟的諸佛聖賢，深深瞭解到眾生積習不同的特點，所以方便施設了很多不同的法門，按照眾生的習性，方便教化，使眾生能走上正覺的道路。如《普門品》中所說的：「應以何身得度者，即現何身而為說法」。

可是佛門的宗徒們，每當聽到其他的教派，修法或與自己的法門不同，就表現出輕視的樣子，嗤之以鼻，認為都是外道，只有自己才是正法正道。其實，所謂外道這個名辭，是其他宗教也引用的說法，凡是與自己不同的，統稱為外道。這完全是一個立場的問題，我們看別人是外道，別人看我們也是外道。所以「才有是非，紛然失心」，這種行為只是更顯露心胸的狹隘而已。

真正佛法所說的外道，是指心外求法的，都算是外道。凡是心外覓法，向外馳求的修行路線，雖然是依止了正教，如果未能明心見性，即使行為上可以比美古聖先賢，自認為超佛越祖，但也只能算是外道而已。所以用正智來看這一些人，只能覺得他們可憐罷了。一個真正學佛的人，應該設法幫助他們，而不是把他們當仇敵來看待。

更何況，左道外道也都是道，不過是比直道稍偏一點而已；旁門也是門，不過是正門旁邊的一個門而已。不能將這種錯誤紊亂的局勢改變過來，是因為眾生的愚癡，是由於聖賢的過失，我們人又有什麼辦法呢？

一般來說，學道家的人，很多都是讚揚佛法的。但是他們所崇拜的，只有佛及菩薩，並且非常推崇禪宗六祖以前的祖師們。道家提到這些祖師及佛菩薩時，稱他們為「大覺金仙」。道家認為，佛法在六祖以後，已經沒有再傳法了，因此學佛的人，只知道修性，而不知道修命，所以學佛的人，祇能證到鬼仙的解脫，只能相等於鬼仙，而不能得到形神俱妙的無上大道。

道家的這一種看法，也是似是而非，因為道家所說的性，並不是真如本性的「性」；而道家所說的命，也只是形質的渣滓而已。真正證悟到真如本性時，這個本體本來就是萬法具備的，道家所說的命，當然也包括在這個萬法之中，哪裡還用得著裝模作樣的再去修一個命呢！

許多互相批評的論調，說起來都是成見障礙，都是因為自己沒有達到圓融。任何學說論點，不管如何變化，都沒有超出「心」的範圍。我們看張紫陽在《悟真篇》的原序所說，就可以瞭解其中的要點了：

「故先聖設教，開方便門，教人了性命以脫生死。釋氏以了性為宗，頓悟圓通，則直超彼岸；如習漏未盡，尚徇生趣。老氏以了命為本，得其樞要，即躋聖位；如未明本性，又滯幻形……根性猛利者，一見此篇，便知僕得達摩西來最上一乘妙法。如其夙業尚存，自墮中小之見，則豈僕之咎也哉」。

張紫陽在《悟真篇》後序中又說：

「欲體至道，莫若明乎本心，心者，道之樞也。人能時時觀心，則妄想自消，圓明自見，不假施功，頓超彼岸，乃無上至真妙覺之道也。此道直截了當，人人具足，只因世間凡夫，業根深重，種種迷惑，以致貪著幻身，惡死悦生，卒難了悟。黃老悲其貪著，先以修命之術，順其所欲，漸次導之了道」。

張紫陽的詩說：

不移一步到西天　端坐西方在目前
頂後有光猶是幻　雲生足下未為仙

白紫清在他的《指玄集》中，談到藥物、爐鼎、火候，都是一心。丹道的宗旨，在他的著作中，很明顯的表露出來了。在他談到「金丹」、「冲舉」的詩中，這個宗旨就更加明白親切了：

佛與眾生共一家　一毫頭上現河沙
九還七返魚遊網　四諦三空兔入罝
混沌何年曾結子　虛空昨夜更生花
阿誰鼎內尋丹藥　枯木巖前月影斜（金丹）

自從踏著涅槃門　一枕清風幾萬年
弱水蓬萊雖有路　釋迦彌勒正參禪

誰將枯木巖前地　放出落花雨後天
兩個泥牛鬭入海　至今消息尚茫然（沖舉）

像這一類道家融合佛法的說法，只是略舉其概要。呂純陽遇見黃龍禪師以後，才澈底打破黑漆桶，明白最後這一著子；僧人薛道光，在學禪開悟以後，又回過頭向石杏林學丹道。關於這兩個公案，學禪定及學丹道的人，彼此爭執不休，其中的奧妙究竟何在呢？我們大概討論一下，先看呂祖的公案：

「呂巖真人，字洞賓，京川人也。唐末，三舉進士不第，偶於長安酒肆遇鍾離權，授以延命術，自爾人莫之究。嘗遊廬山歸宗，書鐘樓壁曰：一日清閒自在仙，六神和合報平安，丹田有寶休尋道，對境無心莫問禪。未幾，道經黃龍山，覩紫雲成蓋，疑有異人，乃入謁。值龍擊鼓陞堂，龍見，意必呂公也。欲誘而進，厲聲曰：座旁有竊法者。呂毅然出問：『一粒粟中藏世界，半升鐺內煮山川』，且道此意如何？龍指曰：這守屍鬼。呂曰：爭奈囊中有長生不死藥？龍曰：饒經八萬劫，終是落空亡！呂薄訝，飛劍脅之，劍不能入。遂再拜求指歸。龍詰曰：『半升鐺內煮山川』即不問，如何是『一粒粟中藏世界』？呂於言下頓契。作偈曰：棄卻瓢囊摵碎琴，如今不戀汞中金，自從一見黃龍後，始覺從前錯用心！龍囑令加護」。（事載《指月錄》）

後世學者有人認為，這一則公案是後人偽造的，因為他們認為，以呂純陽這樣的聰明智慧，何必要等見到黃龍禪師以後才能悟道呢？這也難怪他們，因為真正的大道是非常平易的。但是，愚者不及，智者過之，呂純陽的工夫見地，已經到達非常高的境界了，只差最後臨門一腳。待見到黃龍禪師，指出這向上一路，也是時節因緣到了，恰巧碰到黃龍禪師的這個臨門一腳，因此而大澈大悟。

當呂純陽未見到黃龍禪師時，他的工夫見地已經是明心見性了，而且能運用自如，但是明心見性這一念，就是捨放不下。等到黃龍禪師點破，才真正的大休大歇去，才真正見到這個本具之性，不是因為你做工夫而有增減的，也不是可以取捨的。這又有什麼可懷疑之處呢？

學丹道的人說：道家南宗的祖師薛道光，雖然是參禪開悟，但是沒有究竟，因此而回過頭來學丹道。所以他們就認為禪宗是只修性，沒有得到修命的祕訣，所以並不究竟。如云：

「紫賢真人，名式，字道源，一字道光，陝西雞足山人也。嘗為僧，雲遊長安，參開佛寺長老修巖，巖示以道眼因緣；金雞未明時，如何沒這音響？又，參僧如環，問，如何是超佛越祖之談？環曰：胡餅圓陀陀地。參訊有年，一夕，聞桔槔有省，作頌曰：軋軋相從響發時，不從他得豁然知，桔槔說盡無生曲，井底泥蛇舞柘枝。二老然之。自是頓悟無上祕密圓明法要，機鋒迅速，宗說皆通，積有年矣。一日，復悟如上皆這邊事，辯論縱如懸河，不過是談禪說道，尚未了手。遂有志金丹修命之道，竭力參訪。崇寧丙戌冬，寓郿縣佛寺，適遇杏林（陵）道人石泰得之，時年八十五矣；綠鬢朱顏，夜事縫紉，紫賢密察焉，心竊異之。偶舉張平叔（紫陽）詩句為問？石矍然曰：識斯人乎？吾師也。……紫賢聞其語，即發信心，稽首皈依，請卒業大丹。得之悉以口訣授之。且戒之曰：此非有巨公外護，易生謗毀，可疾往通都大邑，依有德有力者圖之。紫賢遂棄僧伽黎，幅巾縫掖來京師，混俗和光，方了此事。薛成道後，以丹法授陳楠（翠虛），陳授白玉蟾（紫清），總是南方人，並紫陽、杏林，共五代，所謂南宗五祖也」。（《石薛二真人紀略》）

從這一樁公案看來，薛道光在學禪時所悟的，是屬於知解的悟，並非工夫已到所謂破三關的大澈大悟。他所悟的，充其量只是在真正大道的光影門頭，偶然見到了一下自性，就發生了佛經上所謂的「乾慧」。這個時候乾慧還是令薛道光茫茫然，找不到真正的歸宿，因此又對他所悟的產生了懷疑，這是必然的發展過程。

薛道光去參僧人如環時，問他如何是超佛越祖之談，如環告訴他，「胡餅圓陀陀地」，這實在是一種糊塗般若，與祖佛心印毫無關係。如環見到薛道光所作的一個偈子，就加以印證，認為薛道光已經見道了。卻不知薛道光在此時，還只是在聲色門頭領會一些境界而已。

後來薛道光轉而去學道，更證明他努力不懈參學的熱忱，這並不是禪宗的錯誤，不能與禪宗的圓頓旨歸混為一談。有禪卻沒有好的禪師又該怨誰呢？石杏林是受張紫陽直接傳承的，而張紫陽自己說，曾得到達摩祖師的無上祕訣，這樣說來，薛道光在石杏林手下的成就，就是進入丹道家傳承的禪了。

朱雲陽在《悟真篇》的註中說：

「金者，不壞之法身，丹者，圓成之實相。復云：言其真，則性命在其中矣。以此視世之妄指肉團身中而修性命者，當可猛省」。

又：「大抵是恐泄天機，不敢直說，故有藥物、爐鼎、火候之法象，有乾坤、坎離、龍虎、鉛汞之寓言。奈何言之愈淳，世人愈加茫昧，孰知真者，即人人具足之真性命也。……篇中種種法象寓言，迷之則一切皆妄，悟之即一切皆真。蓋言真：則性命在其中矣。言性：則窮理盡性以至於命，悉在其中矣」。（註《悟真篇》前言）

清代的雍正，身為帝王而能入道，自己以禪宗的宗師自許，對他人都批評得很嚴厲，自稱為「圓明大覺」，可以說是目空一切的。但是雍正對於張紫陽所說的法語，卻非常讚揚推崇。雍正對於仙佛的論點，尤其認為恰當，凡是研究性命雙修的人，可以參考雍正的論說，就很容易把握到重點了。

「紫陽真人，作《悟真篇》以明元門祕要。復作頌偈等三十二篇，一一從性地演出西來最上一乘之妙旨。自敘云：此無上妙覺之至道也，標為外集。審如是，真人只應專事元教，又何必旁及於宗說，且又何謂此為最上？豈非以其超出三界，真亦不立，故為悟真之外歟！真人云：世人根性迷鈍，執其有身，惡死悅生，卒難了悟。

黃老悲其貪著，乃以修生之術，順其所欲，漸次導之。觀乎斯言，則長生不死，雖經八萬劫，究是楊葉止啼，非為了義，信矣。若此事，雖超三界之外，仍不離乎一毛孔之中，特以不自了證，則非人所可代。學者將個無義味語，放在八識田中，奮起根本無明，發大疑情，猛利無間，縱喪身失命，亦不放捨，久之久之，人法空，心境寂，能所亡，情識滅，并此無義味語，一時忘卻，當下百雜粉碎，覿體純真，此從上古德所謂：決不相賺者！真人以華池神水，溫養子珠，會三界於一身之後，能以金丹作無義味語用，忽地翻身一擲，拋過太虛，脫體無依，隨處自在，仙俊哉！大丈夫也！篇中言句，真證了徹，直指妙圓，即禪門古德中如此自利利他，不可思議者，猶為希有！如禪師薛道光，皆皈依為弟子，不亦宜乎，刊示來今，使學元門者，知有真宗，學宗門者，知惟此一事實，餘二即非真焉。是為序。（《雍正御製悟真篇》序）

在雍正序言中，金丹大道和禪宗的圓頓之旨，相互表揚，已經毫無保留的說了出來。這一點也可以證明，丹道之學已融入了禪的領域。

學習丹道的人和學習密宗的人一樣，比較容易執著於幻形，容易留滯在法執的境界，反而不如從心地法門入手。一旦能透澈瞭解，就可以全部放下，如果要提起來，也有所倚仗。這其中的差別，十分微細，學人們應該多加注意。

丹道入禪，已經達到水乳交融的化境。另一方面，禪宗和佛法其他各宗，所受老莊道家的影響，也是不少的。例如傅大士所說的「先天地」、「本寂寥」等，不就是老子所說的「有物混成，先天地生」，「寂兮寥兮」嗎？

從前的禪宗宗師們，常常用「空腹高心」來評斥那些不務實際的狂禪說法，這個空腹高心的說法，不就是贊成老子所說的「虛其心，實其腹」嗎？

另外佛學禪宗，也常借用道家所說的話，和道家的名辭，如「回光返照」、「無位真人」等等。

不論是道家的人，或佛家的人，凡是聖賢仙佛，都具備了慈悲的大願力，以自己的覺悟救度別人為基本願力。只要能夠救度世上的眾生，使眾生從苦海中解脫，登上了正覺，不論是仙是佛，都不過是一種化跡的方便。所以，一般人不應該因門戶派別的不同，而互爭長短。唐代仙人譚峭的詩說：

線作長江扇作天　靸鞋拋向海東邊
蓬萊此去無多路　祇在譚生拄杖前

世上學道的人們，應該趕快丟掉那一雙破鞋，趕快去尋找拄杖。至於其他的是非長短，誰對誰錯，決不可記掛於胸中；如果心中只斤斤較量於人世間的是非，不論是學佛學道，都是白費力氣，對於修行是沒有用處的。

禪宗與理學

中國文化的歷史，是非常久遠的，早在周秦的時代，學術思想的派系，已經有百家之多了。到了漢武帝時代，因為武帝本人提倡儒家的學術，所以各派系的學說思想，都歸順儒家為領導，都講習研究儒家的六經。至於學術的原理和應用，除了對於人文、政治、教育等的影響以外，起初並沒有任何動機去造成一種新學派，以標示獲得了孔孟學說的祕密心傳。

當時，自董仲舒領導以下，多數都是從事註解考證的工作，於是儒學就成為專門註解文字音義的訓詁之學了。這樣一代一代的傳習下去，並沒有什麼心性理氣這一類玄妙的說法。

豈知到了北宋的時候，儒家的學術中，忽然崛起了一派理學，這個新的理學派，自己認為得到了孔孟以來儒學中心的心法，而這個理學的重點和宗旨，與以往的傳統儒學，也大大的不同，而成為儒家的道學。

理學的講習，別開生面，其中產生的新說法有心性、理氣、性情、中和、形上、形下、已發、未發等問題，都是以往儒學中從未見到過的新解釋。

最初的理學，分為四派（濂洛關閩），後來只剩下朱熹和陸象山兩人的意見相對立了。在光明正大的君子立場上說來，意見的對立，只不過是學術見解上的研討，是對事而不對人的；可是一般小人卻假借師門派系和講學的名義，暗中結朋組黨，以致後來造成了元祐和慶曆兩次的黨禁。說起來是因為爭學術的至善，結果反而流入了狹窄的人我之爭，在學術上來說，是很可悲的事。清代的儒士紀昀說：

「儒者本六藝之支流，雖其間依草附木，不能免門戶之私，而數大儒明道立言，炳然具在，要可與經史旁參」。（《四庫全書總目提要・子部總序》）

「古之儒者，立身行己，誦法先王，務以通經適用而已，無敢自命聖賢者。王通教授河汾，始摹擬尼山，遞相標榜，此亦世變之漸矣。迨托克托等修宋史，以道學、儒林，分為兩傳。而當時所謂道學者，又自分兩派，筆舌交攻。自時厥後，天下唯朱陸是爭，門戶別而朋黨起，恩讎報復，蔓延者垂數百年。明之末葉，其禍遂及於宗社。唯好名好勝之私心，不能自克，故相激而至是也。聖門設教之意，其果若是乎！」（《四庫全書總目提要・子部・儒教類序言》）

理學在北宋時代的異軍突起，並不是一個偶然的事，任何一種學術的形成和衰落，一定有它的社會背景，以及當時文化潮流環境的驅使。理學的興起，自然也不例外，但是促使理學的形成究竟是什麼？對於這個問題，我們可以斷言，這是受了禪宗的影響。

理學之先聲

漢代的儒家們，在儒學的義理方面，並沒有任何新的見地，他們所努力的目標，不過是在註疏考證方面，逐漸流於辭章等微小的道路。

到了兩晉以後，天下大勢由太平漸漸開始進入了變亂，我們的民族文化精神，跟隨著變亂的時代，也產生了轉變。那時，在士大夫間流行了一種談玄的風氣，學者們也都以三玄（《易經》《老子》《莊子》）之學，為哲學思想的中心，對於入世的經世之學，卻都疏忽了。於是，學術界就完全趨向虛渺幽玄的領域。

當時與談玄風氣同時盛行的，就是佛法的傳播。由於西域的許多高僧，如鳩摩羅什等，都來到了中國，闡揚佛法；同時佛法在中國，也逐漸產生了許多大師，如道安、道生、慧遠等等，都是一生為宏揚佛法而努力的。

慧遠曾在廬山組織了一個「白蓮社」，當時的名士如劉遺民等，都參加了白蓮社，隨同慧遠學習淨土佛法，陶淵明也時常參加過往，可見當時知識階級的思想風氣，不免都隨著政治社會環境而轉移。

到了隋唐時代，有一個人名叫王通，在河汾地方專講經世之學。後來社會漸漸安定，天下昇平，到了貞觀年間，政府中許多文武將相，都曾經作過王通門下的學生。儒學到了這一個時期，又開始繁榮起來了。

在南北朝的時候，禪宗的初祖，名叫菩提達摩的，由印度乘船到了中國的廣州，再到了南京。那時候是梁武帝的時代，達摩到中國傳了佛的心法，到了初唐時期，禪宗已經傳到了六祖慧能與神秀等。在這一段時間中，南北各地，上至帝王，下至婦孺，風起雲湧，都受到了佛法的浸沾。佛教的文化和盛唐的政治一樣，呈現了輝煌光明的現象，許多禪師被封為國師，可見朝野的趨勢，對佛法是多麼的熱烈。

憲宗時，為了迎佛骨的事，韓愈曾經給皇帝上了一個呈文，勸阻這一樁事。從此以後，就產生了另一種勢力，認為佛法是異端，而加以排斥。當時有許多儒道的人士，為了保衛儒學而攻擊佛法，在這一些衛道的人士之中，以韓愈所說的最為激烈。

在韓愈所作的幾篇文章中，如〈原道〉〈原性〉，是要提高儒家的學術地位，將儒家的旗幟，掛在超過佛學和老莊學說的地位。韓愈的思想和作風，實際上是受了禪宗傳心法門的影響，所以才會重視儒學，而將儒學看作是道統一貫之傳。

其次，李翺著了一本《復性書》，其中對於性情作了相當的發揮，促使北宋理學的氾濫。韓愈和李翺的思想，實際上就是理學形成的開始。

但是韓愈和李翺二人的生平學術思想，卻不能自閉於固定的範圍，而不受佛法和老莊思想的影響。事實上，他們也像南北宋的大儒一樣，都是在受了佛老的影響之後，而另外提倡理學。

韓愈被降職調到潮州以後，時常向大顛禪師問佛法，所以曾有三封信寫給大顛。在袁州的時候，還布施了兩件衣服給大顛。周濂溪曾在大顛住過的那個寺廟的牆壁上，題了一首詩：

退之自謂如夫子　原道深排佛老非

另在《五燈會元》和《指月錄》等書中曾有記載：

「韓愈一日白師曰：弟子軍州事繁，佛法省要處，乞師一語？師良久。公罔措。時三平為侍者，乃敲禪床三下。師曰：作麼？平曰：先以定動，後以智拔。公乃曰：和尚門風高峻，弟子於侍者邊得個入處」。

李翱曾問道於當時名僧，而且數次向禪師藥山惟儼問法，金儒李屏山有云：「李翺見藥山，因著《復性書》」，《傳燈錄》載之甚詳：

「朗州刺史李翱，初嚮師玄化，屢請不赴。乃躬謁師，師執經卷不顧。侍者曰：太守在此。李性褊急，乃曰：見面不如聞名，拂袖便出。師曰：太守何得貴耳而賤目？李回拱謝。問曰：如何是道？師以手指上下。曰：會麼？曰：不會。師曰：雲在青天水在瓶。李欣然作禮，述偈曰：鍊得身形似鶴形，千株松下兩函經，我來問道無餘話，雲在青天水在瓶。李又問如何是戒定慧？師曰：貧道這裡，無此閒家具。李罔測玄旨。師曰：太守欲保任此事，須向高高山頂立，深深海底行，閨閣中物捨不得，便為滲漏」。

宋朝的宰相張商英評論這件事，曾做一首詩：

雲在青天水在瓶　眼光隨指落深坑
溪花不耐風霜苦　說甚深深海底行

張商英的這一首評論的詩，是批評李翺並沒有見道。李翺受到梁肅的提拔，還作了一篇〈感知遇賦〉，梁肅是天台宗很有成就的中堅人物，《大藏經》

中收集有梁肅的《止觀統例》。

在李翱的《復性書》中，他認為「性」本來是光明清淨的，但是由於七情的惑亂，而變成混濁了。所以應該「制情復性」，就是用控制自己七情的方法，來恢復本性的光明清淨。如他書上所說：

「人所以為聖人者，性也。人之所以惑其性者，情也。喜怒哀樂愛惡慾七者，皆情之所為也。情既昏，性斯溺矣，非性之過也。七情循環而交來，故性不能充也。水之渾也，其流不清。火之煙也，其光不明，非水火清明之過。沙不渾，流斯清矣。煙不鬱，光斯明矣。情不作，性斯充矣」。

又云：

「性與情不相無也，雖然，無性則情無所生矣。是情由性生，情不自情，因性而情。性不自性，由情而明」。

前面張商英所作有關李翱的詩偈，對於李翱輕視，認為他沒有見性，只是糊里糊塗，李翱自以為已經參禪見到了本性，事實上卻正好相反。

有些學者認為，李翱的《復性書》，其中含有佛學的成分，認為這本書，實際上是按照梁肅的止觀論點而作的，只不過把止觀學說中的名辭，更改一下而已。雖然李氏在佛學中轉圈子，但是他對於佛法的了解，卻並沒有澈底。認為李翱的佛法不澈底，也確有相當的道理，就拿李翱自己所說的話來研究一下吧！

李翱說：「性」本來是聖潔的，因為情而產生了惑亂，我們不免要問：這個本來聖潔的「性」，為什麼會產生「情」？說「情」是使「性」產生惑亂的，怎麼能說性不自性，因情故明呢？

如果像李所說，要「情」返回了「性」，「性」才能恢復它原來的聖潔，可是「情」是從原來聖潔的「性」產生的，「性」回復了聖潔清明也沒有用啊！因為它仍然會產生「情」，所以復「性」後，仍然要再生出「情」。

況且，李認為控制住了「情」，才能夠復「性」，請問：這個控制的行為豈不也是情的一種嗎？

再進一步來說，如果「性」能夠產生一個控制的作用，去控制住了「情」，等於「性」有自制的能力了。既然「性」能夠自制，使「情」不發生，那麼為什麼還有七情的產生呢？儘管能制，仍然有「情」的產生，絕對不是明白了本體自性的究竟，所以李的話是自相矛盾的。

因此可以下一個結論，李翱沒有明心見性，他只認得了一些清淨覺明，以為就是本體自性。其實他所認得的，只是心理意識上的明瞭而已，如果把這一點覺明的境界，當作了自性，那就一錯三千里了。為什麼呢？因為「明」是性的境界，「情」也是「性」的境界，這個「性」，這個真正的本體自性，既不停留在什麼「明」啊！「暗」啊！「昏」啊！「清」啊！等的境界，也離不開這個明暗昏清的境界，可惜這一點李翱卻沒有了解。

李翱以他這個不透徹的見地，把《大學》中的「至善」，用《易經》的「無思也，無為也。寂然不動，感而遂通天下之故」來解釋，也是錯誤不透澈的。

後世從事理學的人們，多半與李翱是一類，如果從事理學研究，而能突破這個錯誤見解的藩籬，那就進入禪的境界了。

北宋理學的崛起

唐代以後，經過五代而到宋朝，禪宗的聲譽和教化，已經籠罩了全國上下和各階層。禪宗共發展成五個宗派，都很興盛。並且，禪宗各派與我國原有的政治宗教等，也並沒有任何摩擦不合的地方。

佛法中所講的解脫，純粹是出世的學說，並且也超越了哲學的精神領域，破除世情而求出世的事。不過大乘佛法所具備的精神，是慈悲濟物的精神，這種慈悲濟物的精神，與聖人王道所具備的大同思想，是非常吻合的，也是相輔相成的。所以，當時的儒家與佛家，也是融合一致的。

不過有少數偏見固執的人，思想見解守舊，自己自認是衛道，出面排斥佛法。在這一些人的言語中，仍脫離不了門戶界限之見，並有比較哪個好哪個壞的問題。像這一類儒家激進的代表，只有韓愈、李翱、歐陽修幾個人而已。

這一些反對佛法的人，所說的理由，只是抓住外表的形跡加以批評，認為佛教不適合中國社會，稱佛教為異端，不是聖人之教。並且拚命攻擊佛教的出家比丘，認為他們剃了光頭，離家去當和尚尼姑，是眼中沒有父母，沒有君主，算是不忠不孝的人。這一些人攻擊佛教的都是形式問題，對於佛法的中心奧妙的意義，他們卻是茫然而不知。

在北宋時代，出了五個有名的大儒，創立了儒家道學的門庭，也就是理學的門庭。他們興辦的學校，逐漸在各地普偏，於是師儒之道建立起來了。學者們約定所講的都是正學，這五個大儒都是同時期的，彼此友情很深，也都是超脫世俗的人，我國的學術思想，到了這個時期就蒸蒸日上，像雲霞一樣美妙而壯觀。後世認為宋朝開創時期，史書記載的天文星象，有五星聯珠聚奎宿象，就是對宋代五大儒出生的先兆。

這五位大儒，就是周敦頤、邵雍、程顥、程頤、張載。後來又加上朱熹、陸象山、呂祖謙，一共八個人，為南北宋繼往開來的八大儒。南北宋之間，雖然還有很多有名的儒家人物，但仍以這八人為主要領導。

八大儒的學說也有許多不同的地方，他們並有學術上的爭論。但是這八家的共同點，都認為從堯、舜、禹、湯、文、武、周公及孔孟的學說，為聖賢們相傳的一貫之心學。他們對仁義的說明和心性的解釋，雖承接了古先聖的道統，但是與以往的儒家，只知道講經註解的作風，卻是截然不同的。這其中思想的逐漸轉變，到新學說的創立，蛛絲馬跡，有許多耐人尋味的地方。新理學的產生，同時也引起了以後道統的相爭，以及門戶之戰，這些都不是八大儒當初所預料的。紀昀在《四庫全書總目提要・子部・儒家類案》說：

「王開祖以上諸儒，皆在濂洛未出以前，其學在於修己治人，無所謂理氣心性之微妙也。其說不過誦法聖人，未嘗別尊一先生號召天下也。中惟王通師弟，私相標榜，而亦尚無門戶相攻之事。今併錄之，以見儒家初軌與其漸變之萌糵焉」。

我國的學術思想，從來都是儒家和道家的天下，但是從後漢起，經過南北朝而到唐代，突然有佛家的加入，使學術在實質上，漸漸發生變化。到了北宋，就成為一大轉樞；北宋以後，一直支配東方學術思想的，始終離不開儒、釋、道三家，而不像以往的，只有儒道兩家了。

宋代的大儒學者們，認為儒家已經佛化了，陸九淵就公開這樣承認。陸九淵是用禪來討論道的領袖人物，在《象山全集．卷二》，與王順伯書中說：

「大抵學術，有說有實，儒者有儒者之說，老氏有老氏之說，釋氏有釋氏之說，天下之學術眾矣，而大門則此三家也」。

北宋的儒家，自從八大儒講道論學，構成了理學以後，當時的學術界，循這個新思潮路線，向前繼續發展的有很多人。其中領導的人物，開始有三位先生，即安定（胡瑗）、泰山（孫復）、徂徠（石介）。黃震曾經說：

「宋興八十年，安定胡先生，泰山孫先生，徂徠石先生，始以

師道明正學。繼而濂洛興矣。故本朝理學，雖至伊洛而精，實自三先生始也」。（《宋元學案卷二・泰山學案》黃百家案語引）

理學的發展，也造成了很多學術門戶和派別，與二程和朱熹對立的，就是蘇洵父子三人為主的蘇學。

蘇東坡和黃庭堅這些人，一方面從政，一方面研究學術，但是他們坦白承認，在學術方面，是同時遊心在佛學和老莊的學術領域的。對於一般理學家高高在上的態度，以及排斥佛學為異說的作風，蘇學派是很看不上眼的。所以，除了政見的不同外，在學術的本身主旨，蘇派和理學，也是大為不同的。後世的正統儒家，因為蘇派的學說與程朱不合，就將蘇學排斥在儒家大門之外了。

談到儒家的正統，儒者常常認定程朱二人，但是，詳細的查考一下，就會發現一個事實，即八大儒的學術，在許多地方是不同的。

二程的學術是從周敦頤學來的，他們後來卻自己成了一系。二程系下以後的學者們，又分為兩派，一為婺學（金華），一為永嘉，成為史學及事功兩派。

朱熹最早也是承接二程的學說，但是後來自己卻創立了很多的新見解，與二程不完全相同，甚至有些地方還與二程的說法大為相反。後世也有人認為，朱熹的學說，也是出入於佛法及老莊，終於成為一個道化的儒家。朱子自己也承認，與程子的意見有不同的地方，在《朱子全集》卷二十三中說：「伊川之學，於大體上瑩徹，於小小節目上，猶有疏處。」「某說大處，自與伊川合，小處卻時有意見不同」。

認為程朱的學說不相同的，有明朝末年的劉宗周，清代的黃宗羲、紀昀、皮錫瑞。現代學者何炳松也持這種說法。

除了程朱兩人的不同以外，張載也有他的見解，邵雍也有邵氏的學術，呂祖謙也有呂氏特別的見地。呂氏主張經世實用的史學，並且常常調和朱熹和陸象山的不同學說。

邵雍是研究《易經》學問的，與其他人完全不同，但是仍然算儒家的傳統。不過邵雍與二程中間，仍然難以協調。邵氏和二程是鄰居，彼此來往也頗親密，但卻是限於友情，大家見面並不談道學。

不過邵氏的易數之學卻很得到朱熹的欣賞，在這一點上來看，朱熹的觀念，與他的老師程子，卻又大相徑庭。

儒家自從興起了理學，在短短數十年之間，造成了許多門戶異見，結果形成攻伐之黨禍，其中的細節極為複雜，一部書也寫不完。這裡所談的，只是一個大概。說起來，皆因各派見地都沒有爐火純青，才發生派別的衝突，再加以支派推波助浪，愈鬧愈嚴重，令人感嘆。

清朝初年的儒家們，因為見到宋明理學所造成的紊亂現象，回頭重新走向漢學的老路。有人發表議論，認為「宋儒好附門牆，明儒喜爭同異，語錄學案，動輒災梨」。紀昀形容理學說：「是率天下而鬥也，於學問何有焉！」意思是說理學帶動所有的人互鬥，與學問根本無關。又說：「門戶深固者，大抵以異同為愛憎，以愛憎為是非，不必盡協於公道也」。（《四庫全書總目・史部・傳記類存目》孫承澤《益智錄提要》）

在理學初興的時候，本來是發揚儒家的正道，排斥佛老為異端的，豈不知儒家學人在佛老學術中出出進進，本來是為了要駁斥佛老，結果反而使儒家的本身佛學化了，道家化了，而理學所創立的見解，用來排斥佛老的說法，卻不能使佛老的中心，有任何的動搖。

不過，這一個排斥的局面，還促成了學術的相互激盪，開拓了新一代的學術領域，創立了理學門庭，這也是很奇特的發展。理學沒有將佛老排斥掉，反而在內部大起紛爭，使不少人受傷受損，也算是學術界的大不幸了。

佛化儒家的蹤跡

東方的文明，在中國來說，就有儒佛道三家學術。這三家學術，雖然路途並不相同，但是卻在最高點相合而一致，這實在不是偶然的，而是有它內在的原因的。

從很早開始，許多學者們，都在努力使三教合流，以後也經常有學者，作這種努力。但是那些固執偏見的人，仍然互相排斥不休，只有豁達明白的人，仍然主張溝通三教。

主張溝通三教的人，在學術界始終不少，最早就是東漢末年的牟子。牟子著一本書叫做《理惑論》，是倡導三教合一的，後來經過唐宋元明清各代，又有許多高僧大德持相同的論調，尤其是禪門中的宗匠輩，對於三教合一的論調最為支持。那些禪門中的宗師人物，證悟以後，已經洞澈了宇宙萬事萬物，他們的智慧也照耀人世間的萬象，超越了世間的經典，其中更有許多是由儒家出身的，卻以佛家為最終的依歸。

以儒學開始而進入佛學的，在北宋時代最有名的一個人，是僧人契嵩，他以出家沙門的立場，高唱佛儒一家的論調。另外一位是永明壽禪師，在他的鉅著《宗鏡錄》中，常用儒家和老子的話來解釋佛法。還有一位居士李純甫，對於儒學的見解最為深刻，但是在他的議論之中，卻時常讚揚佛老，並且能發揮佛老的深刻含義。南宋許多儒學之士，受到他影響的人不少。在《續指月錄》中，對於李純甫的記載如下：

「屏山李純甫居士，初恃文譽，好排釋老，偶遇萬松秀和尚於邢台，一言之下，遂獲契證。乃盡翻內典，徧究禪宗，註金剛楞嚴等經，序輔教原教等論。嘗著少室面壁記。略曰：達摩大師西來，孤唱教外別傳之旨，豈吾佛教外復有所傳乎？特不泥於名相耳！真傳教者，非別傳也。自師之至，其子孫徧天下，漸於義學沙門，以及學士大夫，潛符密證，不可勝數，其著而成書者，清涼得之以疏華嚴，圭峰得之以鈔圓覺，無盡得之以解法華，穎濱得之以釋老子，吉甫得之以論周易，伊川兄弟得之以訓詩書，東萊得之以議左氏，無垢得之以說語孟。使聖人之道，不墮於寂滅，不死於虛無，不縛於形器，相與表裏，如符券然。雖狂夫愚婦，可以立悟於便旋顧盼之間，如分餘燈以燭冥室，顧不快哉！士著述甚多，開發後學，大有功於宗乘，臨終無疾，趺坐合掌面西而逝」。（《續指月錄·卷八·曹洞宗報恩秀嗣》）

李純甫以居士的身分，在一個偶然的機會中，遇見了萬松秀和尚，言談之下，李純甫開悟了。以後，李純甫從事著作，宏揚並教化佛法，對僧俗都極有影響力。就連二程和呂祖謙等人，一些知名的大儒，都還不能達到他的聲望。學者也有很多，能得到一鱗半爪的好處，而對道體有所認識，但是都被湮沒無聞，只因為李純甫是以佛學為中心，所以儒學方面為了門戶之見，使李純甫未能形成一個大派系。在宋元學案中，本把李純甫列為儒學的第三名，後來的儒學，懷疑他所學的沒有師門派系傳承，所以把他這一派學術刪掉了。這一件事更證明了有些搞學術的人，只重門戶，實在太淺陋了。

周敦頤（濂溪）這位初期的理學大師，曾作《太極圖說》，對於啟發諸家的思想，有很大的功勞。

說起太極圖，來源是道家的一個人物陳圖南（陳摶）。陳摶根據《易經》的原理，又匯通了儒道兩家的學問，而產生了這個太極圖。後來鶴林寺的大和尚壽涯得到了太極圖，就珍藏起來，等到周敦頤從師於壽涯和尚的時候，這和尚就把太極圖給了周敦頤，等於歸還舊物。而周敦頤得到了太極圖後，才著了《太極圖說》。所以說周濂溪的學問，不能說沒有受到佛道的影響。傳說周濂溪曾經在黃龍南那裡參禪，也曾到晦堂去問道，並曾見佛印了元禪師。太極圖經過儒道三家的意見，思想方面有一種融合三家為一體的結論。

何況，在南北宋的百多年間，正是禪宗最興盛的時代，當時禪宗名師大匠如林，高級的政治階層和一般人民都爭著去學禪宗，所以思想界的溝通和相互影響，也是一個明顯必然的事實。

宋朝南遷以後，儒家排斥佛老的事，已經變成家常便飯了。不過，排斥佛老的事，還只是在思想方面的攻擊，並沒有採取任何行動。反而當時儒家的本身，朱熹和陸象山兩派的鬥爭，已經演變成水火不相容的局面了。

對於朱陸的爭鬥，佛教界中的人士，採取聽任自然的態度，不但沒有加以抨擊，並且還常常說明各派系的理，實在是一致而不相衝突的，並希望兩派能停止互爭。當時南宗的大禪師，名震一時的大慧杲，言語行動都主張兩派停止爭論。大慧杲於宋室南渡後，奉令擔任徑山道場的住持，當時向大慧杲問道的人很多，其中的達官名士，精通儒道的學人也很多。因為秦檜對於大慧杲和岳飛、張九成等人的交往，相當不安，所以把大慧杲貶放到衡陽十年，又轉到梅陽五年。在大慧杲被貶放遷移的行動中，自動跟隨陪伴他的有幾千人。大慧杲的論點也是認為儒佛是一致的，他所說的話，常常超出人的意料之中，如他說：

「博極群書，只要知聖人所用心處，知得了，自然心術即正，心術正，則種種雜毒，種種邪說，不相染污矣」。

「為學為道一也，為學則未至於聖人，而期以必至。為道則求其放心於物，物我一如，則道學雙備矣」。（示莫潤甫）

「予雖學佛者，然愛君愛國之心，與忠義士大夫等。但力所不能，而年運往矣！喜正惡邪之志，與生俱生。永嘉所謂：假使鐵輪頂上旋，定慧圓明終不失。予雖不敏，敢直下自信不疑」。（示成機宜季恭）

在大慧杲的時候，朱陸爭端正在興起，一派提倡「尊德性」，另一派則在講「道問學」。對於這個相爭的局面，大慧杲說了幾句話，足以調解他們相諍的癥結。

至於大慧杲所說的忠君憂國言談，是因為看見了國家的困難，心生同情憐憫，而為佛門吐一口不平之氣，並不是為儒家罵佛教的無父無君，不忠不孝而作的爭執辯護。一個聖賢在世上的應對教化，本來是應該這樣的。我們試看大慧杲認為三教一致的主張，非常明顯：

「士大夫不曾向佛乘中留心者，往往以佛乘為空寂之教，戀著這個皮袋子。聞人說空說寂，則生怕怖。殊不知只這怕怖底心，便是生死根本。佛自有言，不壞世間相而談實相。又云：是法住法位，世間相常住。《寶藏論》云：寂兮寥兮！寬兮廓兮！上則有君，下則有臣，父子親其居，尊卑異其位。以是觀之，吾佛之教，密密助揚至尊聖化者亦多矣！又何嘗只談空寂而已。如俗謂李老君說長生之術，正如硬差排佛談空寂無異。老子之書，原本不曾說留形住世，亦以清淨無為為自然歸宿之處。自是不學佛老者，以好惡心相誣謗爾，不可不察也。愚謂三教聖人，立教雖異，而其道同歸一致，此萬古不易之義。然雖如是，無智人前莫說，打你頭破額裂」。（示張太尉書）

「在儒教，則以正心術為先。心術既正，則造次顛沛，無不與此道相契。前所云：為學為道一之義也。在吾教則曰：若能轉物，即同如來。老氏則曰慈、曰儉、曰不敢為天下先。能如是學，不須求與此道合，自然默默與之相投矣。佛說一切法，為度一切心，我無一切心，何用一切法？當知讀經看教，博及群書，以見月忘指，得魚忘筌為第一義，　則不為文字言語所轉，而能轉得語言文字矣」。（示人）

南北宋的名僧大德，大家所稱的宗門大匠們，都是採取三教一致的說法。

許多儒家的學者，往往先在這些宗門大匠處學了一些學問，或曾問道，自己的學問見地有了新啟發，回頭再去研究儒學。所以他們在儒學方面，就有新的發揮，使中國聖人的言教，在許多難懂的地方，都能夠有清楚的解釋，進一步達到燦爛的佳境。

可是，因為儒家學者們的門戶之見，這些先佛後儒的人，也不得不對佛法故意做出批評的態度。

不過，佛門中有智之士，就不是這個態度了，如元代的高峰禪師，和他的弟子中峰，對於三教一致的主張非常積極。明代的憨山大師，世間的學問極為精通完備，他曾用佛理來註釋《大學》《中庸》，以及老莊。另外有一個藕益大師，則用《易經》的義理來註釋禪學。

這些佛門中的大師，胸中並沒有內外門戶的界限，對於三家各派學術，沒有避諱的意思。近代的印光法師，也是常以儒學的學理來解釋佛理，可以稱得上是很有見識的大師。梁武帝時代的傅大士，在《五燈會元》中記載：

「傅大士一日披衲頂冠靸鞋朝見。帝（梁武帝）問：是僧耶？士以手指冠。帝曰：是道耶？士以手指靸鞋。帝曰：是俗耶？士以手指衲衣」。

傅大士見梁武帝，一身打扮是儒佛道兼有，四朝以來的儒家，自以為是正牌道統的理學家，卻缺乏傅大士這樣的器量，不能包羅萬象。他們之中或入於佛門，或入於道家，結果又被儒者教訓申斥。

唐宋間，像這一類情況頗多，如裴休、房融、富弼、趙抃、王安石、蘇東坡、黃山谷、陸游、張商英、楊大年等，都曾經在禪門中遊學，受了這一些人的影響，歷代的文人學士，在著作之中，都以含有禪味為最高境界。

至於那些理學家們，在講學的時候，也喜歡抄襲禪師們的法語。北宋以前的儒家，著述留傳，採取的仍是古老的路線。自從理學興起，開口閉口也有「語錄」，又有「學案」，以延續他們的學說派系，與以前儒門，大不相同。他們的這一套，都是從禪宗學來的。

禪師輩生平所說的法語，多由門人弟子記載，名為「語錄」，語錄是當時的平實語體，並不加修飾。另外關於努力求道的歷程，參究的事跡，記載下來，就是禪門「公案」。禪門中的語錄和公案，包括的也極廣泛，這一套作風，被儒家的人學去了，就產生了「語錄」和「學案」。有些儒者，再從禪門中搜刮一點菁華，自稱為自己的創見，另張門戶，以達到推排他人的目的，這種作風實在要不得。

北宋的名臣趙抃，一生器度極為高超，名垂千古，這樣的人，卻從不諱言自己也學佛的事，《指月錄》中記載：

「清獻公趙抃，字閱道。年四十餘，擯去聲色，繫心宗教，會佛慧來居衢之南禪，公日親之，慧未嘗容措一辭。後典青州，政事之餘，多宴坐，忽大雷震驚，即契悟。作偈曰：默坐公堂虛隱几，心源不動湛如水，一聲霹靂頂門開，喚起從前自家底。慧聞笑曰：趙閱道撞彩耳！公嘗自題偈齋中曰：腰佩黃金已退藏，個中消息也尋常，世人欲識高齋老？祇是柯村趙四郎。復曰：切忌錯認。臨終遺書佛慧曰：非師平日警誨，至此必不得力矣。趙閱道進士及第，累薦殿中侍御史，彈劾不避權倖，京師目為『鐵面御史』。知成都，匹馬入蜀，以一琴一鶴自隨，擢參政知事。王介甫用事，屢斥其不便，乞去位……以太子少保致仕，卒年七十七」。

像這一類的儒者，還有很多，在此不盡引舉。

老子說：「為學日益，為道日損」。其實，老子所說的日益，就是「道問學」，是必須增廣知識見解的意思。要達到「尊德性」，就需要放下心來，使心曠寂，換句話來說，要尊德性放下心的話，就要空掉所有的一切，不停的減少，這就是日損。如果要「道問學」，就要增加見識，補充自己見識上所沒有的一切，不停的增加，這就是日益。當然，學問越增加，自覺偉大之見也就越高，宋儒多半有這些不好的小氣毛病，連他們自己也不知道。

蔣山元禪師，當面拆穿王安石的毛病。其實，王安石的毛病，也就是理學家共同的毛病。《指月錄》記載：

「荊公原與蔣山元禪師，少時遊如昆弟，荊公嘗問祖師意旨於師，不答。公益扣之。師曰：公般若有障三，有近道之質一，更一兩生來，或得純熟。公曰：願聞其說。師曰：公受氣剛大，世緣深，以剛大氣，遭深世緣，必以身任天下之重，懷經濟之志，用舍不能必，則心未平，以未平之心，持經濟之志，何時能一念萬年哉？此其一。又多怒，此其二。而學問尚理，於道為所知愚，此其三。特視名利如脫髮，甘淡泊如頭陀，此為近道。且當以教乘滋茂之可也。公再拜受教。及公名震天下，無月無耗，師未嘗發現。公罷政府，舟至石頭，入室已三鼓，師出迎，一揖而退。公坐東偏，從官賓客滿座。公環視問師所在，侍者對曰：已寢久矣。公結屋定林，往來山中，稍覺煩動，即造師相向，默坐終日而去。公弟平甫，素豪縱，但甚畏師。請問法要，師勉為說之。……且戒之曰：申公論治世之法，猶謂為治者不在多言，顧力行何如耳，況出世間法乎！

談到心性之學，本來不是儒學的重點，所以儒門在這方面，並不專長。紀昀曾經很清楚的指出，宋代愛談心性的理學，都是由禪蛻變出來的。

南北宋間，朱熹算是一個集理學大成的人，但是他的論點，在許多地方都不明確，都是閃爍不清的。朱熹雖然繼承了程門，但是對於邵雍的易數之學，張載的性氣二元說，周濂溪的太極圖，也都涉入而吸收。在武夷山的時候，朱熹和南宗的道家祖師白紫清（玉蟾），來往頗近，朱熹曾要隨白紫清學道，但白紫清沒有收這個學生。朱熹後來還曾用崆峒道人鄒訢這個假名，來註解《參同契》，這件事紀昀曾考據而證明：

「殆以究心丹訣，非儒者之本務，故託諸廋辭歟？考《朱子語錄》論《參同契》諸條，頗為詳盡。《年譜》亦載有慶元三年，蔡元定將編管道州，與朱子會宿『寒泉精舍』，夜論《參同契》一事。

文集又有蔡孝通書曰：《參同契》更無罅漏，永無心思量，但望他日為劉安之雞犬耳云云。蓋遭逢世難，不得已而託諸神仙，殆與韓愈貶潮州時邀大顛同遊之意相類」。（《四庫全書總目提要・子部・道家類》朱子撰《周易參同契考異》按語）

其次，說到明代的大儒，像王陽明這個人，最初也是修習佛法天台止觀法門的，並且曾經在定中產生了一些和神通相似的境界，後來又失掉了這種境界。有一個道人名叫蔡蓬頭，王陽明曾經三次向他求道，但都沒有達到求道的目的，只好作罷。王陽明後來終於成為一代的儒宗，在《王文成年譜・辛酉事》中說：

「先生錄囚，多所平反。事竣，遂遊九華，作『遊九華賦』，宿無相化城諸寺。是時，道者蔡蓬頭，善談仙，待以客禮，請問，蔡曰：尚未。有頃，屏左右引至後亭，再拜請問，蔡曰：尚未。問至再三，蔡曰：汝後堂後亭，禮雖隆，終不忘官相！一笑而別。聞地藏洞有異人，坐臥松毛，不火食，歷巖險訪之，正熟睡，先生坐旁撫其足。有頃醒，驚曰：路險何得至此？因論最上乘。曰：周濂溪、程明道是儒家兩個好秀才。後再至，其人已他移。故有會心人遠之嘆」。

總結一句話，宋明兩代的儒家理學，多數都是兼學了佛老的學問，尤其吸收禪宗為最多。但是，結果他們反而要排斥佛老。仔細研究起來，他們從佛老所吸取的，是糟糠的部分；他們所沒有吸取的，反而是菁華部分。所以理學形成的見地，不免有很多漏洞。近代學人梁啟超，批評得最為恰當，在《萬有文庫・清代學術概論（三）》（梁啟超著）中說：

「唐代佛學極昌之後，宋儒採之，以建設一種『儒表佛裡』的新哲學，至明而全盛。此派新哲學，在歷史上有極大價值，自無待言。顧吾輩所最不慊者，其一：既採取佛說而損益之，何可諱其所自出，而反加以醜詆？其二：所創新派，既非孔孟本來面目，何必附其名而淆其實？是故吾於宋明之學，認其獨到而有益之處確不少，但對於建設表示之形式，不能曲恕：謂其既誣孔，且誣佛，而並以自誣也。明王守仁為茲派晚出之傑，而其中此習氣也亦更甚，即如彼所作朱子晚年定論，強指不同之朱陸為同，實則自附於朱，且誣朱從我」。

「進而考其思想之本質，則所研究之對象，乃純在昭昭靈靈不可捉摸之一物；少數俊拔篤摯之士，曷嘗不循此道而求得身心安宅，然效之及於世者已鮮；而浮偽之輩，摭拾虛辭以相夸煽，乃甚易易；故晚明狂禪一派，至於『滿街皆是聖人』，『酒色財氣不礙菩提路』，道德且墮落極矣。重以制科帖括，籠罩天下；學者但習此種影響因襲之談，便足以取富貴，弋名譽；舉國靡然從之，則相率於不學，且無所用心，故晚明理學之弊，恰如歐洲中世紀黑暗時代之景教」。

禪宗與理學的淵源

兩宋理學學術的興起，雖然是受了禪宗的影響，但是在本質上說，理學的工夫和見地，並不能夠深入禪宗，更達不到禪宗心法的奧妙。理學這一門，只不過是禪宗燈火的餘焰所形成的，這中間的來龍去脈，前面已經大致談到。理學所講明心性的道理，如果參考佛學中形而上的天人境界，更會發現理學的許多漏洞，在此不多作詳述了。

清朝初年的儒家們，如黃黎洲、顧亭林、李二曲、顏習齋、王船山等，在亂世之後，發現了宋明儒家的空談、迂濶的弊病，所以想盡力矯正。清儒認為四朝的「平時靜坐談心性」的作風，對於時局一點幫助也沒有，所以要把這種作風整個翻過來。清儒並且認為宋明的儒家，都是些怪物，好像一談到宋明的儒家，就使人想到山中的老虎一樣的可怕。當然，清儒的這種觀念，未免稍嫌過火一些。

如果純粹站在學術立場來說，評論理學，只能評論學術的內容價值，如果認為這種學術，不能發揮平亂治世的功效，那也不是這些學者們的責任。

我們翻開歷史看一看，千百年來，每代都有學佛學仙學聖賢的人，可是真正能夠達到最高成就，能夠像古人一樣的，並不多見。同樣的，這個事實豈能都歸罪於學佛學道的人呢！

理學家的學術思想成就，究竟如何，我們暫且不去討論，但是有一個事實我們必須要了解，就是理學家們對自己都是很嚴謹的，他們大都是志願的過著淡泊生活，不追求物質的享受，對於善惡的分辨，尤其非常認真，一舉一動都含有佛家的大乘道行徑，或者像出家人嚴謹的持戒律己，這些都是值得讚嘆的德行。

宋末的文天祥，雖然不是理學家，但讀他的〈正氣歌〉，就可以知道他人格的崇高，最後能夠從容就義，達到殉道的目標。如果學養沒有達到天人的境界，是決不可能做到的。

明代王陽明創造時代功業，以及李二曲、黃宗羲、顧炎武等人，他們的學術和修養，也都是因為從理學中陶冶出來，才能達到充實和光輝。所以，理學家對於人性的薰陶，對於人倫道統的鼓勵，功勞是很顯著的。

綜合理學的整個體系，可以列為一個大綱，兩個宗旨，及三個方法。

一大綱：就是使學問和道體合一，達到了「極高明而道中庸」的境界，這也是朱、陸兩派的共同之處。

兩宗旨：朱子的「道問學」，與陸子的「尊德性」。道問學是須多認識瞭解古聖先賢的言語行為，以擴充知識學問為主。尊德性是以體會心性本然為主。有了本，自然建立了道，兩宗旨是朱陸不同的兩個宗旨，宗旨雖然不同，但是兩派都主張從工夫入手。

三方法：用功的方法，有「敬」、「誠」、「靜」三個方法，但是不論哪種方法，儒家都沒有先例可以比照實行。孟子的教化並沒有達到這個用功的範圍。《大學》中的止、定、靜、安、慮、得等程序，不過只提出了綱要。

其實，工夫這個名辭，是起源於佛法的禪定。在唐宋時代的禪宗門徒，不論僧俗，統統致力於禪定。儒家的人，也效法禪定工夫，提倡一種說法，認為致學的方法和路途，應該在靜中修學。儒門所說的「主敬」，和「存誠」，都是止靜的工夫。

佛門中禪定成就，有很多的區分，如有分毫的不同，都會產生極大的差別。而且禪定中的最高成就，在佛法中，只是屬於「定解脫」的範圍，還沒有達到「慧解脫」。

理學家對於靜定工夫，確也有一番心得，但是理學在靜定方面的最大成就，也只等於初禪、二禪的境界而已。如果說到超凡入聖的境界，就不是理學所能達到的了。就如僧肇法師所說：「能天能人者，豈天人之所能」。禪宗的三祖說過：「纔有是非，紛然失心」。理學家們，實際上都沒有脫離這個是非之心，如果能夠超越過去，則兩宋的理學，面目一定不同了。

宋明理學所談論的心性、理氣、性情、中和、形上、形下、已發、未發的道理，都有獨到的見解，所以他們自認為，已經透澈見到了心身性命的根本，和宇宙萬有的本體。事實上，他們的想法，未免有些草率，因為理學的獨到見解，只達到心理學上的最高修養，只是使妄心意識洗磨乾淨而已。

如果把妄心洗淨，留下一個蕩蕩無礙的清明境界，認為是妄心淨盡的天理流行，那是大有問題的。以唯識的標準衡量，這個清明湛寂，蕩然無礙的境界，正是第七末那識（意根）的老窩。如果是修學禪宗的人，在這個境界，正需要一頓棒喝，才能使學人認清自己還沒有到家，這其中的道理很多，暫時不加討論。

理學家修養的目標，是除去人的私欲，保存天理的正大，如程明道所說：「天理二字，是我自家體貼出來」。程伊川也說：「人只有個天理，卻不能存得，更作甚人」。周敦頤主張「誠」，他平生常要默坐，澄清自己的心，體認天理。程伊川和朱熹（晦庵）則主張「敬」，程門四大弟子中的謝良佐（上蔡）主張「常惺」，楊時（龜山）主張「靜」中觀察喜怒哀樂未發的情況，作為氣象，以和靖之方法，使心收到不容一物的程度。

這些理學家們的方法，雖然也有獨到精闢的地方。但是，最高的成就，仍然只是一個澄澄湛湛的境界，這個境界在佛學上來解釋，仍屬於「識陰區宇」。如果在禪宗門下，還要痛棒一頓，使學人放下，一直到大死一番，在貶軋得無地可容時，然後轉身一條路，才能夠認得那個原來的門戶。

像理學所達到的這個境界，就自認為是超凡入聖，其實，他們連禪宗那些知解的宗徒還比不上，更談不上證悟了。

理學所討論的宇宙本體，仍離不開思量分別的心，只是用自己心內的宇宙，去設想心外萬有的宇宙，這只是一種推測，並不是透徹圓滿的理。

禪宗的心法是遠超過思量分別心的。所以，理學家的理論，如果列入哲學思想的範圍，是有可取之處的；如果認為理學近於道，那卻是大有問題的。

明朝的大儒王陽明，承襲了陸象山的心法，許多人認為，王陽明的學術，已經很近於禪宗了，他一生最重要的學術思想中心，就是他的四句教：

無善無惡心之體　有善有惡意之動

知善知惡為良知　為善去惡是格物

如果認為王陽明的這四句話，可以與禪宗的心法相提並論，實在是大錯而特錯。因為心的體，如果本來是無善無惡的，那麼這個心體就是一個廢物。如果意動了就生出善惡，這個善惡的根又在哪裡？與心體如果互相沒有關係，又何必「為善去惡」呢？為善去惡與心體又有什麼關係？就是不去為善去惡，也不會影響到心之體，因為心之體本來是無善無惡的啊！這是第一個錯誤的地方。

心是「體」，在善惡的意沒有動以前，並不是絕對的沒有善惡，只不過善惡是潛伏在體中而已，這個心可以稱為「性善」，也可以稱為「性惡」，因為善惡兩性都是潛伏的狀態。

如果說心的體在意沒有動以前，是淨明無過的，那麼就應該像《大學》中所講的「至善」，或者就應該是荀子所稱的「本惡」，怎麼能說無善無惡呢？「無」和「有」的意思是相反的，都有絕對的含義，天下的「無」怎麼能生出「有」來呢？既然說有心之體，又說無善無惡，在辯證的名辭上來說，也是不合理的。倒不如將「無」字改為「非」字，還比較恰當，這是王學第二個錯誤的地方。

在王陽明的四句教中，認為修學最重要的是一個「知」字，因為有良知才能辨別善惡，所以要用為善去惡的工夫，作為返回意動以前的一個方法。但是依照王陽明的說法，意動以前是無善無惡的，請問，用功返回到「無」，又有什麼用處？不是返回成一個廢物嗎？又要明白心性幹什麼？

最使人不能了解的，就是這個「知」字，究竟是從哪裡產生的？如果說「良知」是從心體生出來的，那麼心體就不是無物；如果說「良知」是從外面來的，那麼它與心體就沒有關係。

況且，這一個「知」，是意動嗎？不是意動嗎？如果是意動的話，那麼就落進善惡的範圍中了；如果不是意動，那麼「知」豈不就是心之體了嗎？既然「知就是心之體」，怎麼能說「無善無惡為心之體」呢？這是第三個錯誤。

王陽明是一代儒宗，他的四句教綱領，有這樣嚴重的錯誤，大家都不了解，居然還把王學當成心性理學的最高成就，實在令有識之人惋惜。以前我的儒學老師針石老人，曾著文辯說王學的錯誤，解釋得很詳盡。大慧杲禪師也曾說：

「而今學者，往往以仁義禮智信為學，以格物忠恕一以貫之類為道：只管如博謎子相似，又如眾盲摸象，各說異端。釋不云乎！以思惟心測度如來圓覺境界，如取螢火燒須彌山，臨生死禍福之際，卻不得力，蓋由此也。楊子曰：學者所言復性，性即道也。黃面老子云：性成無上道。圭峰云：『作有義事，是惺悟心，作無義事，是狂亂心；狂亂由情念，臨終被業牽，惺悟不由情，臨終能轉業』。所謂義者，是義理之義，非仁義之義。而今看來，這老子亦未免析虛空為兩處。仁為性之仁，義乃性之義，禮乃性之禮，智乃性之智，信乃性之信；義理之義亦性也，作無義事，即背此性，作有義事，即順此性，然順背在人，不在性也。仁義禮智信在性，不在人也。人有賢愚，性即無也。若仁義禮智信，在賢而不在愚，則聖人之道有揀擇取捨矣。如天降雨，擇地而下矣。所以云：仁義禮智信，在性不在人也，賢愚順背，在人而不在性也。楊子所謂修性，性異不可修，亦順背賢愚而已矣；圭峰所謂惺悟狂亂是也；趙州所謂使得十二時，不被十二時使也。若識得仁義禮智信之性起處，則格物忠恕一以貫之在其中矣。肇法師云：能天能人者，豈天人之所能哉！所以云：為學為道一也」。（示人）

儒學者的見解，如果能夠更進一步，在善惡、心物、理氣以外，多深入體會，才能夠打破黑漆桶，明瞭佛的出世入世的說法，事實上已把理學心性「修齊治平」的道理，統統包括在內了。

理學與禪宗的異同

宋朝開始的七十餘年，學術界很黯淡，直到安定、泰山、徂徠、古靈與起以後，才以師儒之道，建立了正學。這要歸功於范高平（仲淹）和歐陽廬陵

（修）二人，是經過這二人的左右培育才成功的。到了宋仁宗末年，五大儒顯露光芒，建立了理學的門庭，這個時候禪宗的傳播教化，正在蓬勃發展中。

宋初的道士陳摶，有〈先天圖〉，傳到了第四個人，就是邵雍。邵雍進一步的發揚，成為《易經》象數的宗主。

道家的「太極圖」，傳到第三人時，就是周濂溪；周濂溪又在僧人壽崖處得先天地偈，與圖互相參研，而明白了性命的道理。所以百源（邵雍）、濂溪的學派，事實上都是源於道家的。

但是，二程對於邵周二派的學術，卻是從來沒有喜愛過的。

橫渠（張載）的學派，是以論氣為主，用變化氣質的方法，達到窮理、盡性、至命的道。

朱晦庵（熹）的學派，是集中了這幾家的學術而加以匯合。

陸象山的學派，有人認為沒有師承，有人認為他是源出於上蔡（謝良佐），以後又依僧人德光為師。

伊川學派的後人，多數歸依於佛學，程門的大弟子們，如薦山（游酢）

等，最後入於禪宗。橫浦（張九成）曾向大慧杲問道，而得見悟，這些都是明顯歸依於佛法的例子，其餘還很多。

所以，理學各學派，除了百源學術是純粹由道家發源外，其餘各派也都與佛老有很深的關聯。

站在儒家的立場來談論儒學的話，宋代的理學，自從二程學派興起，才真正揭示出儒學的宗旨，而建立了門戶。最初如高平的潛虛，百源的《皇極經世》，濂溪的《太極圖說》，都是發揚易學象數，以探究宇宙天人的祕密，直到周濂溪的《通書》出版，才包括了四書的要旨，闡述性命的根源。同時張橫渠所著的《正蒙》和《東銘》《西銘》，對學者有關理學的根基培育，才有了訓示。各儒派的學說，都是以孔孟為宗，而滙於五經，這才是儒學的正統道派。

宋代的許多儒家，對於禪道的學術，都曾加參悟，所以才啟發了自己的真知；但是只能說他們參悟的成分有多少，並不能說他們到底開悟了沒有。自從唐代禪宗興盛以來，連道家的學術也受了禪宗的影響，而產生很大的變化，能融會貫通禪與道的人，非常之多，這也是學術潮流的一種必然趨勢。

到了宋代，禪宗特別興盛，有許多禪師們精通儒學，所以有很多著作，都是用佛理來解釋《中庸》《周易》和老莊之學。當然，佛學的說理中，也有許多名辭，是採用於儒書的，這些都是相互的參研，互相證明的。

在這種情況下，儒學人士參禪的結果，一變而產生了性理之學，也是順理成章的發展，至於以後排斥佛法的事，也只是因為道統門戶的觀念，以及當時的社會風氣所造成的。而且，一般明達人士，對於儒門排斥佛法的事，都保持沉默的態度。

談到理學與禪宗的不同處，最重要的有兩點基本差別，一個是方法不同，一個是造詣不同。

第一點，理學和禪宗的修學方法是不同的，儒者修學的目的，是在研究天人之際，以建立以人為本位的最高尚宗旨。基於這個人本位的目標，儒學必須以學而能致用為原則。所以，儒家的目標是入世的，舉凡社會世界上的人文政教，都是儒家的任務。因此儒家是以「誠意」、「正心」、「修身」、

「齊家」、「治國」、「平天下」，為入世的準繩。

佛學的目的，卻不相同了，佛學是以學通天人造化，宇宙的根本，而把儒學的人本位，作為修道的基礎。佛學最終是要超過人本位，打破了宇宙間的「有」「無」障礙，而達到應物無方，神變莫測。

站在佛家的立場來看儒家，只不過是大乘菩薩道中的修行人；而儒家看佛家，卻是屬於離世，荒誕不實際的。

其次，儒家的為學方法，以「閑邪存誠」、「存心養性」、「民胞物與」，達到倫常的極點，為最高的目標。而佛家是不廢倫常，但只是盡到人的能力和本分，作為入道的階梯。佛家的最高目標是形而上的，這個超越物理世界的一條向上之路，超越了儒學範圍以外，也是儒學所不能了解的。

對於這個問題，有一個很好的比喻，就像是治水，儒家的方法，是從防洪築堤，以及疏導水流的方法，去治水患；而佛家的治水方法，除了儒家的一套外，更要兼顧種樹和水土保持的工作。所以儒佛二家，方法完全不同，遠近深淺，目的也不一樣，這是第一點不同。

第二是儒佛二家造詣的問題，儒家的學人，也在禪道之中參究，從誠敬用功入手，他們在「靜」的境界中，體會到此心的理，見到了空空洞洞的境界，而由空變成有的應物境界，稱這個為「內聖外王」之道，認為包括了一切。

但是，對於這個境界，在禪宗的看法，充其量，只明白了離開「念」的空體境界，這只是治標。至於治本的問題，向上的一著，還有很多重要的事，儒家只是泛泛抓不著中心；如果有人可以深入一步，抓住了這向上一路，他們就進入禪門了。就如洛學的後人，象山的門人，都是由儒而入禪，這就是儒佛二者造詣不同的地方。

至於有些理學的人，流入狂禪之類，儒佛二家都極反對，那是屬於個人的問題，並非禪門之錯。

伊川學派的十字教說：「涵養須用敬，進學在致知」，又以「敬」和「致知」為不可分的，說：「入道莫如敬，未有能致知而不在敬者」，「誠，然後敬，未及誠時，卻須敬而後能誠」，「君子之遇事無巨細，一於敬而已」，「唯上下一於恭敬，則天地自位，萬物自育」，「所謂敬者，主一之為敬，一者，無適之為一」。所以這一學派的工夫，是從敬入手的，而以專一為主要目標。他們所說的「一」，是無適無莫的意思，也就是充實這個意念，而胸中沒有任何東西的境界，從這個境界來處理一切事物，應物用世，就近於道了。

其實，他們這個境界，在佛法上來說，只見到了空的一面，只是禪宗最初所悟的一點東西而已。

伊川又說：「性即理也」，並且又單提出一個「理」字。他又說：「天之賦與謂之命，稟之在我謂之性，見於事業謂之理」，「自理言之謂之天，自稟受言之謂之性，自存之人言之謂之心」。

由伊川這幾句話可以知道，他們說的心，就是意識的心。由誠敬入手，達到了「一」，說「無適也，無莫也」，就是明白了此心；明白了此心就可以體會到天命和性理，一切都具備在我了。既具備於我，才有了諸己，要能保持住這個心，而且能應用，如程明道所說：「有諸己，只要義理栽培」。理學家的明理而達到應用，從沒有超過這個範圍。

所以，朱熹曾說：

「纔主一，便覺意思好，卓然精神，不然，便散漫消索了」。

「以敬為主，則內外肅然，不忘不助，而心自存」。

「整齊收斂這身心，不敢放縱，便是敬」。

「當使截斷嚴正之時多，膠膠擾擾之時少，方好」。

「惺惺乃心不昏昧之謂，只此便是敬」。

朱熹所說這些話，都與修習禪定相近似，在靜中體會到了一念空掉，有清明的現象。靜坐的說法，也是由洛學開始的。「靜」不是冥然無知的意思，故說：「所謂靜坐，只是打疊心下無事，則道理始出，今人都是討靜坐以省事則不可」。並且主張，不論在動中或靜中都要用功，在他們認為的得道時，也有參禪學人初悟時的現象。如趙寶峰（偕）在讀《慈湖遺書》時，靜然有所省悟，見「萬象森羅，渾為一體」，他說：「道在是矣，何他求為」。

理學家的見地，以這個程度為最高了，到了這個境界，就認為是入聖。

這時分析事理與言談，都超過常人，因為儒家占了文字的便宜，由文字而得到知解，就覺得了不起了。

陸象山的一派，被稱為佛化的儒家，可以算是理學中的禪，不過他們也只能夠認識此心而已。陸門中的有名人物甬上的四位先生中，有一個袁潔齋（燮），對於陸象山所教的直指本心，最初不大相信，有一天，袁豁然大悟，馬上寫道：

「以心求道，萬別千差，通體吾道，道不在他」。

「大哉心乎！與天地一體」。

「道不遠人，本心即道」。

「人生天地間，所以超然獨貴於物者，以是心耳，心者，人之大本也」。

袁潔齋對於心法的明瞭，就是這樣了，這也還是意識的作用，並不是所謂的大澈大悟。

另外，像楊慈湖（簡）說：「人心自明，人心自靈，意起我立，必固礙塞，始喪其明，始失其靈」。

許多學者們，認為這個話很直截了當，也很透澈，認為慈湖以不起意為宗，又認為這就是禪。

如果將慈湖的不起意為宗，和禪門的「無念」為宗相提並論的話，證明儒家對禪的了解，也不過是僅到這一步而已，對於真正的佛學、禪宗，連做夢都沒有夢到過。

由此可以說明，理學家的見地和造詣，只達到意識上的心念清淨，而最高的造詣，就是由清淨再起而應用。至於理學家們的工夫方面，也只是限於冥坐清淨自心意識這一條路，其他方面都談不到。

至於理學家的著作，濂溪的《太極圖說》，建立了一種學術解釋，「實足以闡性命之根源，作人生之準則」，這個形容是當之無愧的。程明道的《定性書》，也有千秋不朽的價值。橫渠的《西銘》《正蒙》，對於解釋「民胞物與」同體的道理，以及沒有私欲之仁的意義，都很透澈，也可以作為學禪人的參考。

宋元明清四朝代的理學，都沒有超過這些範圍，至於對於安定社會的貢獻，與本題並不相干，故不多加討論了。

儒家的學術，到了宋代產生了理學，超越以往很多學說，傳述後世，非常興盛。一方面因為儒家修學態度認真嚴格，有益於社會道德；一方面也因為儒者德高望重，能夠擔任政府的重要職位，所學能所用。在政治的高位上，儒者以行道為自己的責任，這也是政治對儒家培養所形成的自然趨勢。

禪宗雖然也有依附帝王卿相，受政府朝廷的支持和倡導的情況，但是，多數的情況，仍是受民間的自由支持，價值輕重也頗難定論。至於理學末流的演變，成為空疏迂濶的不切實際，以及禪宗末流的知解學人，變成狂禪之流，都是形勢造成，兩家可謂同病相憐。後來，連禪也成為禪學了，變成了說理的禪。理學和禪宗兩家的學人，實在應該多多自勉才是。

佛道儒化之教

儒佛道三家的學術思想，兩千多年以來，雖然彼此間有著距離，但是學術上的根本道理是相互貫通的。各家雖以不同的姿態出現，內容老早就匯合在一條路上，共同闡揚真理。

我常說，這三家學術，如討論各家的內涵，則重點各有不同，這個重點是指入門途徑的方法不同，並不是指學術的本身。譬如說，儒家偏重儒理方面，留心於入世社會的事情，優點是有俠氣作風，缺點是容易變得霸道。

佛家學術偏重心理方面，是以立志求解脫為目的，優點是無可非議，缺點是容易流於疏狂。儒佛兩家，都是以心法入門，鍛鍊精神，便能超越平常進入「形而上」。

道家則是偏重於生理，是從形質入門，好的話，能出神入化，缺點是容易落入自私的範圍。但是，道家的最後目標，也是要脫離形器，而達到「形而上」。

三家入門的方法既然有不同的差別，各家學人在開始的時候，不免產生不同的路線，其實最終都是歸於一個道。

佛說「一切賢聖皆以無為法而有差別」，這不是說得明明白白，宗旨是一樣嗎？「會萬物於己者，其唯聖人乎⋯⋯」。所以，為學為道最高深處，都是「無緣慈，同體悲」，而產生「民胞物與」的思想，這就是三家共同的出發點。

歷年以來，在儒佛道三家的門徒之中，有許多人努力要調和三家的偏執，使會歸於一致，但是卻沒有成功。這也是像任何形器一樣，一旦有了名字，就難以脫離名字的影響。

明朝末代，在山東崛起了一個「理教」，有模仿元代「全真教」的姿態，成為一個新的宗教。

理教興起以後，風行於民間，尤其是北方最為興盛。理教為學為道，一方面化易人心，一方面保存了民族正氣，雖然談不上是正大的宗教，卻也很有可取的地方。

理教匯合了三教，敬奉一尊古佛，就是「聖宗古佛」，也就是觀世音菩薩。理教是以四維八德為入德戒持之門，至於工夫方面，是採用道家的修鍊為法則。一個宗教既然用理字作名，很顯然就是儒家理學的意思了。「理即是道，道即是理，理外無道，道外無理」。理教產生後，很明顯的是，理學佛道化了，形成了另外一個宗教。

理教的創始於明朝末年崇禎時代，一個名叫楊來如的人（教中尊稱他為羊祖或楊祖），在登進士第的時候，恰逢張獻忠之亂，後來明朝也亡國了。楊在亡國之痛後，就回鄉侍奉父母，每天唸誦觀音聖號以及佛經，仿效善財童子的五十三參，自己說得到感悟而成道，就出來度世。所以在清朝時代，朝野上下，徧及南北，都盛行理教，也是因為時代機緣而產生的。

在清乾隆嘉慶年間，四川西部雙流縣，有一個名叫劉沅（字止唐）的人，是極博通儒學的，但是劉沅並不追求功名，反而去學道。據傳說，他得到老子的親傳，在山中修了八年而成道。劉沅以後以儒者的立場，同時宏揚佛道，有很多的著作，當時極為有名，世人稱他的教化為「劉門」。他的支派，在長江南北很多，以福建浙江為最盛。他的學術是以「沉潛靜定」為主旨，工夫和口訣，都採用道家，而他對說理及傳心方面，採取儒佛道三家的優點。實際上，這也是儒佛道的另一個教門，雖然他的標榜是調和三教為一，但也只是隔空搭橋，想在兩頭上下架一條通路而已。

心物一元之佛法概論

佛法中所說的「心」，代表了兩個不同的意義。這個心字，有時是指妄心，也就是妄念意識的心；有時卻代表了真心，就是如來藏性的心，又稱為「性」。

學習佛法的人，首先要把「心」所代表的意義弄清楚，在佛法的經文中，不可斷章取義，應該先審辨全部經文教理，瞭解心所表示的真實意義，如果沒有把心的意義弄清楚的話，就有偏差，佛法就會被誤解為近代心理學了。把佛法當作唯心論是錯誤的，那麼，佛法難道與唯物論相同嗎？這個說法更錯了。

佛法認為，心與物，是一體所產生的兩種「作用」，也就是說，心與物是一元的兩面。所以，禪宗古德們談到「性」時，有時說「即心即佛」，有時說「不是心，不是物，亦不是佛」。

因為人類的習性容易執著，對於任何一句話，都有可能發生執著，反而造成了迷頭認影的錯誤，所以，佛法是要想盡方法，去用不同的說辭，來打破人們的執著，使人們能從不自知的固執沉滯見解中，透脫出來，這樣，真如才能單獨顯露而出。

《楞嚴經》中說：「不知色身外洎山河大地，咸是妙明真心中物」。這裡所說的真心，就是佛法唯識學中所說的八識心王，而第八阿賴耶識，含藏了宇宙萬有的種子。所謂宇宙萬有，包括了一切的心與物。佛法的第八識也就是佛法所說的心，這個心，包含了心與物，也就是佛法心物一元的體性。

心物一元的體性，有時又稱為「如來藏性」，有時又稱為「真如」。真如的意思，就是如同真的一樣的意思，並不是在妄心外，還有一個獨立的真如，永久存在著。如果在妄心外，還有一個永存的真如，這個真如不是就成為「常」見了嗎？佛所訓斥否定的，就是「常」見，因為真與妄是相對的。一切有對待的相對的，都是屬於妄。換言之，「妄」是妄，妄的相對「真」，也是妄了。真與妄是兩個極端，都是妄，所以，如把真如看作是妄的相反的話，真如也就變成妄了。

這樣說來，為什麼把心物一元的本體自性，稱為真如呢？因為沒有辦法把心物一元命名，勉強立個名稱為真如罷了。

本性自性，是心物一體的，也就是說是心物一元的，這個心物一體的自性，寂然空淨，能生萬「法」。

什麼叫做「法」？法包括了心物等一切的道理和事相，所以說，本性自性本來是具足了一切法。這一切的法，因為是本來具足的，所以不會因為修證而增多，當然也不會因修證而減少。由此推論下去，這一切具足的法，也不因聚散而有生滅，不因動靜而有淨染。

本體自性，雖然能生萬法，卻不會隨萬法而流轉，所以，雖然生生不已，而實在沒有生。儘管一切萬有毀滅了，本體自性也不會隨著萬有毀滅。所以，生滅的輪子旋轉不停，但自性本體是無生無滅的。

既然說本體自性，是寂然不動，無生無滅的，但從哪裡又有了萬有的生滅往來呢？

談到這個問題，我們先要知道一個基本道理，就是本體自性雖是寂然不動，但是它的「功能」卻是運行不息的。

什麼又是運行呢？運行就是一種力，體性功能運行不息，就是體性無始功能的力。

這個力又稱為風，又稱為氣，但並不是一般習慣上所瞭解的風與氣，所以才用功能之力來表達。

功能之力不停的在運行，是常寂而常動的，這個空寂之性的自性功能，是沒有主宰的，只有動靜兩個力量，互相循環，運動而發光，互相摩盪而成為聲。

動靜循環運動而發光明，光明卻是常寂而又常照的，光明到了極點，黑暗就產生了，光明與黑暗的循環代謝，就像動靜的循環往來一樣，這都是屬於體性功能自性本然的力。

有了光就有熱，光熱增熾，就醞釀產生最基本微細的電磁物質。當溫度增高到了極點，微細物質溶化為液體，於是力再與光熱電磁液體等物互相化合，形成了地質物質。

所以說，宇宙萬有的一切，不是自然就有的，而是因緣所生的，因緣就是多種生元（元素）的互相化合。

但是，體性的功能，既不是自然所有，又不是因緣所生，而是自性呈現的。換言之，能生萬有的這個體性功能，卻不是萬有所能生的，也就是說，不是生因之所生，不是任何能生萬有的力量所生出來的，而是屬於自性功能的顯現。

力就是光與電等的互相化合，跟著而產生了萬有，混沌的天地也開始分別開了。

不過，地質物質卻是依存在虛空的。虛空又是什麼？虛空是體性功能的一種現象，這個虛空，在時間和空間來說，都是無限的，是無量無邊的。

虛空既是體性功能的現象，它與體性寂然相合，雖然相合，但虛空並不是體性，虛空只是真如本然體性的一種現象而已。

在體性寂然空淨之中，有一個「知」性，一個靈明妙覺的知性。這個知性，用形容的言辭來說，性淨妙明，又充滿了十方。知性靈光獨耀，隨物而用，卻不被任何物所包容。

知性靈明的光，是常寂無相的光，這個光不是倚賴他物而存在的。當這個知性的靈光表顯作用時，卻要藉他物而顯現。

知性雖然靈光獨耀，但與體性功能力的運行是一致的，與動靜、明暗的循環代謝一致。

當運動力強大，達到極強時，強力妄行，力就亂了。動極而亂時，這個靈明覺知之性，就變為動亂的「無明」了。

什麼是無明？從明變成不明，就是無明。雖然是無明，但仍然是靈知之性的一種光。明和無明，都是靈知之性的一種光。

無明依附到了物體，帶質而生我們人的生命色身（帶質是與比較、程度等有關聯的），色身的生理工用，與物理工用是一樣的，心的性理工用，不但與物理工用不同，與本體的妙明寂淨也是有異的，這個異，就是變異的意思。

如果有力量能把這個變異反轉過來，則雖然動而能常靜；雖然有明暗生滅的循環，卻不失去靈明妙覺；雖然依附於物體，而又常離物體。能夠做到這一步，就是回復於體性寂然的功能了，這時，就達到了「靈光獨耀，迥脫根塵」。所謂迥脫根塵，就是不受任何拘束限制的意思。體性功能，是心空為體，當它起用的時候，是以萬有一切的用為用，以一切的相為相。換言之，功能的體性是空的，體性功能的用，是在萬有一切的相上。

體性本來是空寂的，所以靈明妙覺的知性也是空寂的，物也是空寂的，雖然有相和用，但相與用，只是時間和空間上的偶然緣合而已。所以，萬有的這個「有」，只是一時的假聚和化合，沒有一樣是常存的。體性能生「空」「有」，但是空有卻不能生空有，故說：「緣生性空，性空緣生」，這句話太妙了，不是任何思想和言說所能包括的。

佛法中對於體性的稱頌名辭很多，如稱「真如」，因為體性真而且如；又稱「涅槃」，形容體性的寂然本淨而圓寂；又稱「法身」，是體性的自身；又稱「如來藏」，表示體性含藏萬有而本無去來的特性；又稱「般若」，表示體性靈明妙覺本空的靈知。舉凡這些名稱，雖然辭句不同，都是代表體性一心的意思。不同的宗派，常別立名稱來代表體性，多不勝計，都是一個意義，如不是一個意思，就不能算是正確的見地了。

另外還有稱「佛陀」、「正覺」、「見性明心」等，都是表示證悟到體性的成果的意思。由此推論，名、相、理都可以瞭解，都是屬於治心之學的範圍，或者是心法的分析，在此不多繁述。

能夠先瞭解心物一元的體性，如果能再證到這個本體自性的話，才能真正澈悟，也就不會再像以往一樣，隨妄流而轉，迷惑不識真如。這個非「生因之所生」，乃「了因之所了」，意思就是一切「因」的根本，都得到了澈底的解決，這不是只知道理論所能包括的，一定要從心物切身實驗中，才能得到圓滿證明。

所以，華嚴宗立了四法界：「理無礙」、「事無礙」、「理事無礙」、「事事無礙」，說明了一個修習佛法的人，不但要透澈道「理」，而且要親身達到事事都沒有障礙的境界才行。

如果事理都能透澈，說得到做得到，就是證得了真如，這是「心能轉物，即同如來」的境界。如果只追求物而迷心，或者能明瞭心而物不能解決，都是沒有圓滿，仍有障礙。

心法與力學

心理現象好像是一種運動，這個運動與力學的運動，是頗相似相通的。心理現象所產生的「見、聞、覺、知」，歸納起來稱為「念」。

當一個念產生作用時，就發生聯想，或憶念，它的過程，也像力學的圓周運動那樣。當一個意念剛剛開始，剎那間就隨著這一個意念而產生聯想，憶及了許多其他的事。

當下一個意念跟隨生起時，前面的那一意念早已消逝了，接著又生起了另一個意念。這樣連續不斷的意念，絡繹不絕，一個接著一個，就像一點一點的火星，連續起來旋轉如輪圈一樣，也好像一個一個相續的水浪那樣，構成了連續的瀑流。

實際上，一個不斷的水流，是一波一波相續而形成的，輪圈是火星聯轉而有的，我們心的意念，在感覺上雖然像川流不息，像輪圈一樣旋轉，但是，卻是從一念開始的。不論後來又發展了多少相續的意念，卻都是由第一念開始流轉的。

意念生起了，就會引發回憶，或者引起聯想，細微的聯想回憶稱為「思」，粗放的稱為「想」。這些思想，剎那間變化連續，又快又多，無法捉摸。就算能夠捉摸到一個意念，它已經不是最初開始的那個意念了。心理現象就像物體運動的力一樣，當一念生起時，就是「向心力」，是由內外界交感構成的，就像是一個作用力。但是有作用力就有反作用力，有「向心力」同時就產生「離心力」，當「離心力」起作用時，「向心力」也隨之產生了。

人的意念，就像力學的作用和反作用一樣，像「向心力」和「離心力」一樣，旋轉變動，永遠不能停止於一。

假設把念起「向心力」產生，稱為「生」，念起「離心力」散時，稱為「滅」，人的意念思想，就是這樣生滅不停，交互循環，永不休止。甚至在睡眠的時候，所產生的夢境，也是思想意念的一種，因為睡眠時心腦思惟並沒有完全停止。像睡眠這樣的昏迷狀態，人仍然是有意念的，只是自己不知道罷了。

在意念完全停止的時候，只是屬於靜力的境界，在這個靜力的境界，力的功能與作用，是潛伏未發的狀態。

在靜極時，「離心力」達到了極點，變靜為動，是「向心」與「離心」二力交互作用。在二力交互往返中，所呈現出的，就是人生日常意識和生活動態。

如果勉強把「離心力」稱為「空」，把「向心力」稱為「有」，或是稱二力為陰陽，都可以表達二力的體和用。

在「離心力」中，包含了「向心力」之能；在「向心力」中，也包含了「離心力」之能。所以，空有、陰陽、動靜交互為用，心理和生理，也是互相消長。心理的悲歡喜怒，精神的衰旺，用力學來衡量，其作用都與力學的道理一樣。

所以，物極必反，樂極生悲，都是由二力的交替而來，有時滿腔雄心，身力卻不能配合，想把身體飛起來，力不從心；疲勞就想休息，休息好了又想活動。個人的心身，都恰似二力的生滅；天地晝夜，風雨陰晴，也都是二力的盈虛消長。進一步再觀察人與人之間，人與社會之間，人與宇宙之間，也都是如此。如果喜歡一個人或一件東西，日久就會產生厭惡，下雨太久，就希望晴天，晴久又盼下雨；靜極思動，常動又思靜，也都是二力的往返作用。

由此可見，心力是神妙不可思議的，佛法稱這個心意識之力，為「念力」，又稱為「業力」，又稱為「通力」，或稱為「不可思議力」等，統統都是一心之力，這個心的力量，既看不見，也聽不到。心力靜時，動力潛能於靜中，所以靜極必動；心力動時，靜力則潛能於動中，所以動極必靜。

心力也像物力一樣，具有波動作用，頻率極速，所以人與人之間，人與物之間，都可以藉心力而互通。心力堅強的話，才能夠互通，這也就是普通所說的心靈感應。

如果兩個心力合起來，波率方向相同，就共同成為「向心力」，如果心力波率方向不同，不能相合，就互相成為「離心力」。俗話說「三人同心，其利斷金」，是因為三個「向心力」合起來就有驚人的力量。「一人一心，各奔西東」，就是心力方向不同，互為「離心力」的原故。

單獨個人的心力，就是「別業」之力，眾人合起來相同的心力，就是「共業」之力，別業和共業，都是由心力不同或相同而產生的，在心力的差別方面是相等的。

個體心力物力的單位，而與群體共力互相影響、推盪、吸引，這就與宇宙萬有功能的共力相合。再由本體功能產生的「離心力」和「向心力」，於是「地心吸力」，吸引聚會了地球上的一切，而地球以外的「萬有吸力」，又吸引聚會了地球和天體中其他星球，運行不息，這是不變之理。觀察宇宙世界，說穿了，這只是一個力的世界。

佛法中對於心的問題，早已認清了是力的作用，「離心」、「向心」二力交互往還，旋轉不止，生滅不停，而且是無法自主控制的。加以心力又沒有一個存在的實體，所以佛法把這個變易不定的心力，比喻為猿猴一樣不可捉摸，把這個無實體，只是空有盈虛消長的心，稱之為虛妄。《金剛經》上說：「過去心不可得，現在心不可得，未來心不可得」，正表示此心沒有永恆常止的「向心力」可得，當然也沒有永恆終止的「離心力」可得，而只有互相變易。

這個力的能，本身並沒有生滅，只在動和靜時呈現了生和滅，力之動為生，力之靜為滅，動靜往返，互為消長。

當力的波動功能起作用現象時，個別的力與共體的力，互相排拒吸引摩盪，形成了因果關係，所以，因果律就是心力作用所產生的。

也許有人會問，這個力的原起，又是從哪裡來的呢？這個問題，前面已提到過，就是說，本體的功能，本來是具足一切的。那麼，本體又是什麼形狀呢？回答是：沒有形狀可以表達，姑且稱本體是以空為體。

那麼，力的原起也是空嗎？回答是：對啦，對啦，這就是性空真力，性力真空。打一個比喻來說，就好像一個真空球，因為球內沒有任何物體，所以輕而易舉；但是，當真空爆破，力量卻很大。所以，本體雖然是空的，但真空中所含蘊的力源，卻是無窮無盡的。

因此，佛法的治心法則，是遵循力學的原理，而將心返歸於真空體性。例如修止修觀等禪定方法，在開初的時候，先使心意識單提一念，止於一點。這個止的意思，就是把力的支點，置於「向心力」上。

不過，愈是希望能達到止，愈覺心意紛擾，愈覺達到止的困難，在這個體驗之中，才可以體會到「離心」和「向心」二力的交互迅速，是剎那不停的。能夠堅定努力，工夫漸熟，才能漸漸止於一念。

待工夫更加熟練，忽然有一天，也許是自動，也許是自然，這個止的一念突然沒有了，而見到「離心力」的現象。當「離心力」顯現時，「向心力」潛伏，如能再捨離「離心力」，心境就會呈現一段空的現象。

但是，這個空的現象，仍是一個境界，是屬於「念」的覺受境界。由於空也是微細的念，所以能把空再捨掉，心身兩忘，而住於非思議的體性真空。這時，了無一物可得，常寂常惺之性現前，就是返合於體性的功能了。

到此為止，還沒有圓滿，要等到真空呈現了妙有，熟習了「空有」「離向」的用，然後可以自主自在，一切的控制和操縱，只是一心的應用而已。而返回自然的力，自己可以控制，治心到了這個程度，可以說就達到了玄奧了。這就是循由「向心力」所建立的法則。心法中所說的止念、收心、內觀等，都包括在這個治心範圍之中。

與前面所說相反的方法，是不跟隨念頭的起止，只靜觀念頭的生滅起落，當念生起的時候，知道那是「向心力」的聚集；念頭滅時，知道是「離心力」的消散。修習的人或者住於離散的有相空境，漸漸進步，或者對於「離心」「向心」二力的交互往來，聽任自然，不加制止，而自己只住於無靜境的靜中，靜觀二力的轉變，不去加以控制或造作，久而久之，生滅二力的變易，無形中消失了，唯有一個靜極呈現了。可是靜極並沒有一個具體的靜相，然後離靜離動，又能靜能動，一切動靜都可由自己作主操持。不過這時仍要認清，動和靜仍都是自性境而已。這樣常久修習下去，也可以進入玄奧之境，這是循著「離心力」的途徑所立的法則，心法上所說的空、放下、放心等，都是包括在這個法則中的。

禪宗中有句話：「放下，放下的也放下」，又說：「放不下提起走」。這都是治心的變通方法。

綜合以上所述，本體功能運行就是力，力又有動靜和離向等作用，生滅產生了萬有，但本體功能卻不是動靜離向所能包括的。這樣觀察，可以透澈的證入性真，對於心物力的作用才可以瞭解。

心法與聲音

關於聲音之學，佛法中所討論到的，不如物理學現象那樣詳盡，但是，對於人類心身與聲學的關係，佛法中的發揮很透澈，並且能夠將聲學應用到心法的起修。

關於應用音聲修行，有兩個方法，都是屬於觀世音菩薩的耳根圓通法門，對於聲音來說，耳朵是用來聞性的，一個方法是：尋求能聞的本性根源，另一個方法是：自己所發出聲音的緣起。

一、尋求聞性根源的方法：選擇鐘鼓鈴聲或風聲水聲等，任何一種聲音，或多種聲音為目標，把精神集中於耳根，去聽聞這個聲音，這個方法，又分為內聞及外聞兩種：

（一）外聞的方法：當聽覺繫緣聲音時，聽到聲音，就是動相，等到聲音終止，而另外的聲音還沒有開始時，這一段空間沒有聲音可以聽到，雖然有聽覺，也聽不到聲音，這屬於靜相。

聲音有斷續的相，這個斷續的相，是由聽緣而知道的，然後再返聞，去追尋自己的能聞之性，看它是否也像聲音一樣有斷有續，當聞聽聲音的時候，這個能聞之性還有沒有？當聞聲的時候，聞性在哪裡？

像這樣的用心去觀，追尋能聞之性，當聲音存在的時候，並不因為不去聽它，聲音就自動消滅；同理，當無聲的時候，雖然你聽不到有聲音了，但能聞聲音的元本功能，依然如故。這樣時常修習，逐漸純熟，才會知道聲音雖有斷續來去或有無，但是我們的能聞之性，卻始終沒有改變。

有些修習這個法門的人，當外聲沒有的時候，耳根中似乎仍然有聲音存在，這是自己意識所產生的影響，並不是真正的聲音，千萬不要自認為神奇。如果迷戀這些聲音，就變成心理幻覺的精神變態了。

（二）內聞的方法：就是內聞自身，當聞性聽覺有聲的時候，就是動相，聲音無聞時，就是靜相。當有聞的動相出現時，不住於動，當無聞的靜相出現時，也要捨離，而不住於靜。但對於動靜二相的來去，卻了了分明，再連這個了了也捨掉，到了沒有的時候，才知道動靜二相，都是由外緣的影響所引發的。而自己這個能聞之性，既不屬於動，更不屬於靜，再連這個知道也要捨掉，連捨掉也要捨掉……忽然心身兩忘，了不可得。

在不可得中，一切的相都沒有了，沒有內外，沒有動靜，在經典中的解釋，這就是返聞聞自性，是遠離動靜二相的法門。

到此為止，還沒有成功，這個心身不可得，也是靜相，仍然應該捨離，直捨到沒有任何可捨了，動靜如一，雖有二相，卻了然不生，這時，算是聞性法門可以入道了。

二、自發聲音之緣起：在我們居住的世界中，經過科學實驗所了解的，是萬物及人類所發的聲音，稱為動聲。但是，聲也像光一樣，在某些方面，不是人類的聽覺及科學知識可以全部達到的，這一部分不能達到的，稱為靜聲。動聲容易了解，靜聲卻不太容易，什麼是靜聲呢？舉例來說吧：

修習禪定的人，在極靜的境界中，所聽到的聲音是無微不至的，不論多麼遠，或者有任何阻擋，都阻礙不了。因為是在靜中，所以聽到蟲叫就像打雷一樣響，聽到極遠處的聲音，就像耳邊一樣的近，還可以同時聽到十方的聲音，這就是聞性功能凝聚在靜定境中的關係，無物能夠阻擋。

在禪定達到這個程度的時候，雖然處身在萬籟無聲的高峰絕頂，仍可以聽到空中旋律清絕的聲音，這個聲音，不是人世間的聲音，只可以說是「天樂」，或者說：這就是莊子所說的「天籟之音」。

本體自性的功能，本來是具足了一切法，在體性功能運行中，聲隨著光而產生，這是體性功能自身發出之聲，身心在動亂中的人，是絕對聽不到的。這個心一定要在空的境界時，在接近於自性空體時，才能夠知道。

光與聲，均具自性，也是以空為自性，一切萬有的動亂，都會干擾到它。所以，在動亂的時候，是聽不到空聲自性的，只有在念力空掉以後，漸漸接近空清，接近於體性功能波率的時候，才能聞知。

譬如初生的嬰兒，就能聞聲，沒有思惟意識的動物，也能分辨音聲，人類的五官感覺作用，只有耳朵的聽覺，應用力及程度是最遠、最普遍的，所以有「耳通性海」這一句話。

其次，五官的應用，集中於一官時，很容易產生疲勞，只有聽覺是例外，是可以持久的，例如聽音樂可以改變人的性情；靡靡之音，足以使人心蕩；易水悲歌，使人慷慨激昂；用音樂訓練動物，很有功效。這一切，都可以表達出音聲的功能。

根據以上的原理，佛法修持，教人在自己發出音聲時，如持咒、念經、念佛號，要用極和諧的旋律，先使自己愉悅，心情開朗，然後再順著自己的音聲返聞，觀察這個聲音的開始，由喉、舌、口、齒、氣、鼻的交互作用，而由意識為主，諸緣和合，才有聲音。

有聲是起用，就是動相，沒有這個聲音，就是靜相。再繼續追尋，雖然聞聽不到任何聲音，但心意識已較久習慣這個咒或經了，口中雖無聲音，心中聲音都清清楚楚，直到動靜二相都沒有了，靜極無聲，內外都寂然，寂與性相合，這時聲的動靜和有無，卻了然清晰。

順著聲音的動靜去修習體會，容易出現空寂的境界，這個空寂的境界，接近體性本然的真空，佛經上所說：「此方真教體，清淨在音聞」的真正意義，到此時才會真正切身體會而明瞭。

當有了阻礙干擾時，聲音就聽不見了，如果在空的環境，音聲才能傳播。但是能聞之性，在空寂時是無，在有的時候才是聞的起用，由這裡從聲與聞兩者之間，才可以明白心法的道理。

心法與光

凡物體的發光，現在的物理學上，稱它為光能。光有輻射、折射等，光波也互相干擾，光速極快，在科學上，有光年的時間單位。

所有的物體都會發光，光的速率長短或快慢，是受光波振動的影響，各種不同的振動，產生不同的顏色，換言之，光雖有不同的顏色，但是，它們仍然都是光。

自然光是遍滿空間的，根據光的性能和原理，應用於一切事物上，分門別類，可說洋洋大觀。

空間遍滿各種顏色的光，紅、橙、黃、綠、藍、靛、紫等色，都是自然光，屬於光的色相，也就是光波振動所產生變化的顯現。

自然光的光能，就是本體功能的顯現，光與力是同時產生的，萬有一切都包含了光與力，日月星辰等，都是憑藉著本體功能自然之力，而放射光能，當力沒有時，光也消失了，物體也跟著滅亡了。一切萬有的存在，都是依順這個道理，一切萬有，也都隨時在振動，連我們的身心也是一樣不能例外。

對人來說，光就是一個人的神。當心意識生起念力的時候，就會放射出光，這個光，當然不是肉眼或物器所能看得見的。眼與心是互通作用的，所以心念靜定及精神強盛的人，都是目光炯炯。如果心邪的人，目光也邪，衰老的人，目光變得昏沉，所以孟子所說：看眼神能夠知道一個人的心，這句話是很正確的。

為了這些原因，佛法教修習禪定的人，「回光返照」、「內觀其心」，也都是教人藉著光的作用，而漸漸返回於本體的方法。像密宗的「妥噶」（看光）、「光明成就」等，也都是屬於藉光修持的方便法門。

禪定的法門，最初是用兩目垂瞼的方法，使目光凝定，目光能夠寧靜下來後，就不會再攀緣外物去追求色相，雖然心念仍在動，沒有用眼去看去增加力量，心念之力自會漸趨薄弱，等到心光和目光凝聚一起的時候，就到達了心中無念可起，眼睛也無相可見的境界了，這時就是初禪。

修習人在開始得定的時候，因為已經努力用功很久，一定會色澤光鮮，目光穩定而且有神，這是因為心目靜定在無念的境界，使心身念力很少波動的原故。心身既然少有波動，就會保持一種飽和的狀態，經常保持著心身的飽和，放射自然減少了，所以才能呈現精神充沛，色澤光潤。這種現象也是自然的道理，沒有什麼奇特之處。

有些人，在禪定的過程中，發現心身內外有種種幻相的光，這種現象的產生，是因為念力沒有完全到達定境的原故。當心力在動靜之間變動往來，就會摩盪而發光，這種現象，統統是幻相。禪宗稱這些見光見影的現象為「光影門頭」、「弄識神影子」，就好像用手揉搓眼睛，就看見面前一點一點的星光一樣。體弱力衰的人，更可以看見空中的光或圓圈，這都是屬於心身病態現象，並不是什麼奇蹟。如果把這些現象當作奇蹟，就是入魔，就是被幻覺錯覺所轉，而成為心理變態的精神病象了。

大凡修習禪定有經驗的人，都曾有過一種經驗，就是在開始的時候，目光最不容易定住，心念也像目光一樣，很難靜止下來。等到快要得定時，好像有一種外力，使目光忽然返回，就進入寧靜的境界，心身也就兩安了。

儘管達到了目光靜定，心念也不起的境界，那也不過是初禪的境象，進一步還要外觀無相，就是說外觀一切人物天地，都好像在夢幻光中所看到的相似，似乎一切都沒有實體的存在。這時候，心身愉悅，無可比喻，雖視而無視，有心而像無心，到了這一步，許多人都以為自己見到了本性，其實，這不過仍是「光影門頭」的範圍而已。當然這時的心身二者，已稍接近本性的光力功能了。

在心身稍接近本體光力功能後，再進一步，使心身內外，與自然光融合成一片，在這種境界中，長久定下去，工夫深了，漸能返回於本體無相光之境，於是常寂光現前，實相無相的本體就見到了。

說起這個過程，好像十分簡單，實際上，其中十分微細複雜，是很難形容的，一定要修學的人親身體會才會知道。就算到了這個程度，也與「明心見性」並不相干，須達到像《楞嚴經》上所說的：「見見之時，見非是見，見猶離見，見不能及」，才能算是有點入門了。

純粹站在光的立場來說，佛法所用的觀空間自然光，及物體個別光的方法都是光的問題，在今日物理學中的光學知識上來說，光學知識是有其正確性的。不過，如果站在心物一元本體的立場上來說，物理光學知識，還是不澈底的。

因為如來藏性是自然發光的，只不過，這個體性之光是寂然無象的，並不是視覺儀器能夠測量出來的。這個體性之光名叫常寂光，也稱為法身之光，它的體是空而常寂的，現在用光來稱它，只是隨世間的習慣這樣稱它而已。實際上，這個體性之光，並不是普通光明之光，這個常光寂然，是在宇宙萬有以前就存在的，由於常光流注，在靜力飽和時變成動力，動力和光熱一起發生，這個動力和熱同時發生的光，科學儀器就能夠測定了。

光明與黑暗交替代謝，晝夜的往來變易，都是自然光的盈虛消長，而且，明和暗也都是光，因為光波振動的不同，才產生不同的光色。萬物都憑藉著光而滋生，但並不是說光能生萬物，只是光和萬物是同體，而互相為用而已。

個別的光體振動放射，到了力盡的時候，就消滅了，而歸於自然之光，自然光再返回於空的體性，這樣的生滅旋轉，只是本體功能運行不息的現象。

以這個觀點擴大觀看宇宙，真有「身世蜩雙翼，乾坤馬一毛」的慨嘆了。

人的心和眼，實在是個問題，心中整天念念生滅不休，眼睛像是一架照相機，心就像攝影師，用相機照像，留下影像而起分別心。這也就是人的心意識作用，每個人都是念念旋流，心光也在不停的振動，自朝至暮，從來沒有停止過，這樣不停的消耗心光的放射，終於將心光消耗完畢盡淨而死亡。在生命滅亡時，就淪入了黑暗狀態，人就是這樣的明暗代謝，就像日夜交替一樣，永無休止。

所以，修習佛法的人，必須要藉定慧的力量凝止心念，使心光返於常寂光體，就可以不隨著生滅明暗的遷流而輪轉，而能夠自己做主。佛經上說：「淨極光通達，寂照含虛空，卻來觀世間，猶如夢中事」。明白了這個道理和光的真實意義，對於物理學所說的光學，自然就會了解其中未包括的部分。

心法與電磁

天地間一切萬物的開始，都是本體功能作用的運行，凝結而成萬物，萬物又不斷的放射功能，一直到放射淨盡而散滅，然後再變易互入於其他物體。這個現象也就是物質不滅學說的根據，迷信於唯物論的人，把萬有物質的生滅循環，似乎說得很有道理的樣子。

其實，天地萬物的生滅，只是本體自性功能變易的一種現象而已。本體功能的光力熱電等物，互相化合，互為消長，入此出彼，沒有窮盡。雖然萬物生生不已，形成了世界的成住壞空，但是本體是寂然無生的，本體沒有絲毫的動靜往來。至於宇宙萬有的一切動靜往來，成為宇宙間一切的變化，乃是本體功能所起作用的形相狀態而已。

心物中包含了體性功能的動能，體性本然運行之力，就是動能。力的運行，具足了聲光電化的變化，也具足了電磁作用。當空靜時，電力之作用潛蓄於空靜之中，而且有向心吸引之能。當運動時，電力放射，產生了聲光化合等變化現象，而有離心排外的力量。

天地的中心是空靜的，有子午線和南北極相互吸引。所以，我們可以看到天體是一個電組織，大地為一個電磁場。電磁的本體也是空靜無物，只在互相摩盪時才有作用，才可以由作用中看到電磁的蹤跡。佛法中所說：「妙有真空，真空妙有」的原理，與電磁的空靜原理是相通的。

電磁的作用，與太陽放射的光熱，有著密切的關係。電磁的作用不但是依年月而變，也隨著日時分秒而變化。它的作用，由點而面，由面而體，隨時都在放射功能。電磁生成於萬有，再隨萬有而消滅。

人與人之間，人與物之間，人與宇宙萬有之間，電磁都可以互通，心靈都可以交感，這一切都循著自然的生滅輪轉，沒有休止。

人為什麼稱為人，是因為人有心身；人的心身生存於天地之間，也像天地一樣，是一個電磁組合。人也隨時有放射和吸收的作用，人與物以及人與自然之間，都有互相排吸的作用，互為因緣，而這中間的樞紐，就是這個心。所以人需要修定慧，用定慧來凝固這個放射的功能，使它返回於體性。

開始修定慧時，先要達到念止，當念止的時候，心身的放射就凝固了，這時外界仍在放射，不過自己能凝固，就可以吸收外界的放射，而漸漸能與外緣隔絕。

進一步再能心空達到一念，就好像磁針到了「中和區」的現象一樣，不再起感緣的作用了，最後終於能夠返於體性，無我無物，同其一如。然後再能使用生滅，轉心轉物，但卻不被生滅的心物所轉。

普通人的心身，整日都在追尋聲色中輪轉，心念紛亂，永遠被外境所牽引，好像光電一樣，在不停的放射，自己絲毫沒有自主控制的能力；若要勉強加以制止，反而產生許多的毛病。但是，如果能夠依照定慧法門去修持，只要時間長久，一旦豁然而通，自己的心身，就與自然界的聲光電化力的作用相同，自然得到了神通妙用。這其中的微妙，必須實驗才能瞭解，這裡只是略加基礎性的說明，以供大家體會研究。

心理與生理

世間的一切事理，以及出世間的一切事理，歸納起來，都是屬於心的範圍，對於心法的分析，最詳盡澈底的，莫過於佛法了。

佛法的唯識法相，般若學所解釋的心之法性，以及《楞伽經》《楞嚴經》《大乘起信論》等，一切被稱為如來藏宗等，對於心性的體用分析，都極為淵博廣大，絕不是現代心理學所能相比的。

所謂現代心理學，在實用方面，涉入的範圍有生理學、遺傳學、社會學、病理學等等。在政教方面，又有教育心理學，及群眾心理學；在偵訊方面，又有犯罪心理學；在醫療方面，又有變態心理學。這一切心理學的範圍，都是以人的心理現狀，作為研究的對象，對於培養人格，維持倫理，是有不可否認的工用。

但是，心理學的內容，是以意識心活動的現狀為依據，而意識心是人類有了生命以後才有的。所以，心理學的範圍，只是現實人生意識活動的現象，以及其變化而已。

現實的人生，除了意識以外，是離不開生理的。所以，心理學的造詣，基本上是離不開五官感覺，以及思想應用的明了意識範圍。超過了這個範圍，心理學所能認識的只有一個潛意識（或稱下意識）。

在唯識學的理論中，潛意識只等於獨頭意識（或稱為獨影意識），仍是屬於第六意識的範圍。所以，心理學的範圍，並沒有超出唯識學第六意識的範圍；至於唯識學中的第七末那識（我執），及第八阿賴耶識（含藏持種之義），近代心理學是絕對絲毫不明瞭的。

站在心理學的觀點上來說，如來藏性的心物一體，天地同根，萬物一如的事理，似乎是幽玄不切實際，幾乎像是變態心理者知覺上的病態一般。

但是，站在般若學的立場，則心識是虛妄的，體性本來空寂，一切意識思想，沒有一件不是夢幻空花，所以並無一法可得。這種般若學的說法，就不是心理學研究者所能了解的了。因此，如果站在佛法的立場來說，現代心理學，不過是唯識法相中的一部分而已。

有一種見解認為佛法就是心理學，或者認為佛法只是一種學術思想，這種見解，距離佛法可就太遠了。持有這種觀念的人，只能說是研究佛學，卻不是學佛，更不是深入佛法，這中間大有區別，是絕對不同的。

佛法所說的心和性，都是討論本體的問題，雖然佛法中也談法相，也分析妄心意識的現象，但這並不是第一義的事，不是屬於本體的範圍。

第一義究竟是什麼？這是「言語道斷，心行處滅」的不可思議，不可以用思惟意識所可瞭解的。因為佛法是一個實驗，是一個超乎科學及哲學的實驗。所以，一切的學理解釋，只是學佛的準備工作，如果自己在準備工作中流連忘返，豈不是把空中樓閣當作寶藏了嗎？

把佛法錯當心理學的人，不但一般學者是如此，連許多學佛法的人，在概念上也常常會陷入這種錯誤，而把身心截分成兩件事，這純粹是用思想去了解，是錯誤的想法。

因為心理與生理，實際上是心物的交互作用，是一體所生的，在《楞嚴經》和大乘經論中，都說得很明白。

唯識學的論點，認為第八阿賴耶識，包含了一切山河大地的種子；《大乘起信論》中，創立了一心真如生滅二門，都充分解釋身心是一元所變的論點。

一個人有心識可用，這是心理；有身體可用，就是生理。心識極端強盛的話，這個心識的力量可以轉變生理，例如精神治療、催眠術、瑜伽術等，就是心識轉變生理的道理。不過，生理也是很能影響心理的，例如一個人生病了，心理就會反常等。只有仔細實驗觀察，才能明瞭心身是屬於一體的。

人的身體和物理世界是相同的，氣候的變化，就好像人的生理周期性的覺受一樣，物質的轉移變化，就會刺激心理引發改變等，這都是我們已經熟知的事了。人身的精氣神，好像自然界的光電熱一樣，它的中心之主，就是寂然應物的心性。

明瞭本體而到達實用，必須融會貫通，直入頓超，除了心宗外，沒有任何法門可以得到。

有人也許會問，既然生理心理一體的問題這樣重大，為什麼佛法心宗的禪門古德們，都不談論身心的問題呢？

其實，古來祖師們的意思，都隱含在工用之中了，他們不敢直接說出來，是怕修學的人執著而已。

至於密宗，則是以修調身體的氣脈為前題的（正統的道家，除了旁門左道之外，也是藉身根開始修持的），凡是要修學實驗佛法戒定慧的人，如果把這些道理，沒有先弄清楚，或隨便加以忽視，恐怕終身都難有成就。

調攝氣脈的原因，是為了克服生理上的缺陷，當色身調和好了，自然而舒暢，就會影響心理，而達到空忍的覺受。這樣一來，身心之間協調了，如風平浪靜，晴空無痕，自然會住於靜定的境界而得定了。

然後再逆返回流，就可以回返於體性本然的領域，這時，對於四大假合之身，六塵緣影之心，都可以自由取捨，得到真正的自在了。

如果身在動的時候，心就跟隨著產生變化；如果心總在亂中，色身也會跟著而變。兩者互相影響的情形，就像把鉛粉投入管中，使水銀不再流動一樣，這種化學實驗，與生理心理相合而達於定，是很相似的。

所以說：「心能轉物，則同如來」，像鴉片、嗎啡之類物質，人吸後可以轉變心理性情，砒霜等物，食後可以置人於死；不能轉物的話，就會被物所轉變，這個道理是很明顯的。

心能轉物這個心，就是如來藏性的本體真心。至於妄心，因為意識力很弱，只能轉移產生很小的變易而已。

至於生理的問題，現代的物理世界中，聲光電化等學，大致都可以表達，善於應用的話，可以把物化成性；不善應用的話，就隨物流轉變化終歸於盡，像這樣永遠如此輪轉下去，永遠沒有休止。

這其中的意義極為深遠，千萬不要因為不喜歡這個人，就把他說的話都當成錯的，在這個科學飛躍進步的時代，科學正好為佛法註解，用科學證明佛法的正確性，高明的人士，一定會同意這種說法。

附注：本篇在匆忙中完成，不夠詳盡之處，以後再作補定。

修定與參禪法要

佛法中的「戒」、「定」、「慧」是三無漏學，也就是完美無缺的學問。現在只說「定」吧！「定」就是「戒」與「慧」的中心，也就是全部佛法修證實驗的基礎。換句話說，凡是要修學證明佛法的人，都要先從「定」開始。有了「定」，才能夠真正達到莊嚴的「戒」體，然後才能啟發「慧」而達到通明的境界。佛法的八萬四千法門都是依「定」力為基礎，才能夠達到菩提果海。任何宗派的修法，都離不開定，由此可見修定是多麼的重要。

不過，所謂的定並不是專指跏趺坐（俗稱打坐）而言，在佛學中，把人的日常生活，統歸為四種不同的姿態，就是行、住、坐、臥，稱為四威儀。在四威儀中，「坐」不過是其中的一個姿勢而已。要修定的話，不但坐時要定，在另外行、住、臥三種姿態，也要能夠定才行。不過，在修定開始的階段，以坐的姿態入門，是比較容易罷了。

坐的姿勢有很多種，只談在修定的方法中就有七十二種之多，而依照諸佛所說，在所有的打坐姿勢中，以跏趺坐為最好的修定坐姿。

用跏趺坐的姿勢修得定力以後，應該注意在另外行、住、臥三威儀中，繼續鍛鍊保持已得的定境。進一步更要達到在處理一切事務及言談時，都不失掉定的境界，才真正算是定力堅固。

用堅固的定力去證取菩提，就好像攀枝取果一樣，相當方便，得心應手；然而，如果見地不正確或不透澈的話，修行很容易走入歧途。

現在將修法的重點和概念，簡要敘述於後，如果要探求進一步的奧祕，還需要修習所有經典，尤其是禪觀等經典，如天臺止觀、密宗法要等學，都要詳細瞭解貫通才行，現在先談坐的方法：

毗盧遮那佛七支坐法

一、雙足跏趺（俗稱雙盤），如果不能跏趺坐，就採用金剛坐（右腳放在左腿上），或者採用如意坐（左腳放在右腿上）。

二、兩手結三昧印（把右手掌仰放在左手掌上，兩個大拇指輕輕相抵住）。

三、背脊自然直立，像一串銅錢（身體不健康的人，最初不能直立，不妨聽其自然，練習日久後，就會不知不覺自然的直立了）。

四、兩肩保持平穩（不可歪斜，也不要故意用壓力）。

五、頭正顎收（後腦略向後收，下顎向內收，輕輕靠住頸部左右兩大動脈）。

六、舌抵上顎（舌尖輕輕抵住上門牙根唾腺中點）。

七、兩眼半斂（即兩眼半開半閉，如開眼容易定就開眼，但不可全開，要帶收斂的意味，如閉眼容易定的話，可以閉眼，但不可昏睡）。

注意事項

一、打坐時應將褲帶、領帶等一切束縛身體的物件，一律鬆開，使身體鬆弛，完全休息。

二、氣候涼冷的時候，要把兩膝及後頸包裹暖和，否則，在打坐時風寒侵入身體，沒有藥物可以醫治，這一點須特別小心注意。

三、最初修習打坐的人，應該注意調節空氣和光線，光太強容易散亂，光太暗容易昏沉。座前三尺，空氣要能對流。

四、初習定的人，吃太飽時不可打坐，如覺得昏昏欲睡，也不可勉強坐，應該睡夠了再坐，才容易靜定下來。

五、無論初習或久習，坐處必須使臀部墊高二、三寸，初習打坐的人，兩腿生硬，可以墊高四、五寸，日久可以漸漸減低（如臀部不墊高，身體重心必定後仰，使氣脈阻塞，勞而無功）。

六、下座時，用兩手揉搓面部及兩腳，使氣血活動，然後再離座，並且應當作適度的運動。

七、坐時要面帶微笑，使面部的神經鬆弛，慈容可掬，心情自然也放鬆了。千萬不可以使面部表情生硬枯槁，變成峻冷，內心就會僵硬緊張起來。

八、最初習坐時，應該採取每次時間少，但次數加多的方式。如果勉強久坐下去，則會心生厭煩，不如每次時間短，一日多坐幾次才好。

在開始修習禪坐時，應該特別注意姿勢，如果姿勢不正確，養成習慣，就無法改正了。而且對心理和生理都有影響，並且容易成病。七支坐法的規定，有很深的涵義，非常符合生理及心理的自然法則，應該切實遵守。

人的生命要依賴精神的充沛，所以要培養精神，才能達到健康的生命。培養精神的方法，首先要使心中常常沒有妄念，身體安寧；心中一空，生理機能才會生生不絕。能夠不絕的生，另一方面再減少消耗，自然會達到精神充沛超過平時的狀態。

人的精神是隨著氣血的衰旺，而呈現充沛或虧損的現象。如果思慮過度疲勞，氣血就漸呈虧損衰弱的現象。所以安身可以立命，絕慮棄欲可以養神，也就是說，身體保持安定狀態，生命就有了根，丟掉了思慮，摒棄了欲望，精神就得到了培養。

古代醫學認為人的生機是藉著氣化而充實的，氣的運行是循著脈的路線。這裡所說的脈，並不是血管或神經，而是體內氣機運行的一個有規則的線路。這個氣脈理論是相當微妙的，一般人不太容易瞭解。

《黃帝內經》中所說的奇經八脈，是從古代道家的說法脫胎出來的。道家認為：人體中「任」「督」「衝」三脈，對於養生修仙是最重要的。西藏密宗的觀念，認為人體中的三脈四輪，也是即身成佛的關鍵。

在密宗法本中有一部《甚深內義根本頌》，在這本頌中所討論的氣脈學說，比較《內經》及《黃庭》等書，各有獨到的地方。

藏密和道家，雖然都主張修三脈，不過道家是以前後位置的任督二脈為主，藏密則以左右二脈為主，修法雖然不同，但兩家都是以中脈（衝脈）為樞紐關鍵的。

至於禪宗坐禪的姿勢，採取毗盧遮那佛七支坐法，雖然沒有明白說出來注重氣脈，可是，坐禪的功效，實際上已經包含氣脈問題了。

兩足跏趺坐不但可以使氣不浮，並且可以使氣沉丹田，氣息安寧，這樣心才能靜下來，氣也不會亂衝亂跑，而漸漸循著各氣脈流動，反歸中脈。等到氣脈可以回歸流於中脈，達到脈解心開時，才可以妄念不生，身心兩忘，這時才能進入大定的境界。如果說一個人的氣脈還沒有安寧靜止下來，而說能夠入定，那是絕對不可能的事。

普通人的身體在健康正常時，心中感覺愉快，腦中的思慮也就較少，在生病的時候就剛好相反。又如修定的人，在最初得到定境，開始見到心空時，一定會感到身體輕鬆愉快，那種神清氣爽的味道，真不是言語所能形容的。可見心理和生理兩種是互相影響的，是一體兩面的。

人體中的神經脈絡，是由中樞神經向左右兩方發展分布，而且是相反交叉的，所以，在打坐時，兩手大拇指輕輕抵住，成一圓相，身體內左右兩邊氣血，就有交流的作用了。

人體內的腑臟器官，都是掛附於脊椎的，如果在打坐時，背脊彎曲不正，五臟不能保持自然舒暢，就容易造成病痛，所以一定要豎直脊樑，使腑臟的氣脈舒泰。如果肋骨壓垂，也會影響肺部收縮，所以要保持肩平和胸部舒展，使肺活量可以充分自由擴張。

我們的後腦是思慮記憶的機樞，頸部兩邊是動脈的路線，由於動脈的活動，能運輸血液到腦部，增加腦神經活動。在打坐時，後腦稍向後收，下顎略壓兩邊的動脈，使氣血的運行緩和，可以減少思慮，容易定靜下來。

兩齒根唾腺間，產生津液，可以幫助腸胃的消化，所以要用舌去接唾液，以順其自然。

心和眼是起心動念的關鍵，一個人看見色就會心動（聽到聲音也會心思散亂起來），這是先經過眼睛的機能而生的影響。如果心亂的話，眼睛會轉動不停；一個人如驕傲而又心思散亂的話，他的兩眼常向上視；一個陰沉多思想的人，兩眼常向下看；邪惡陰險的人，則常向左右兩側斜視。在打坐的時候，採取兩眼斂視半閉的狀態，可以使散亂的心思凝止。

打坐時鬆解衣物的束縛，可以使身體安適；常常面帶笑容，可使精神愉快，這些條件對於打坐修定都是很重要的。

所以，禪坐的姿勢，對於氣脈很有關係。雖然禪坐沒有專門講究調和氣脈，但是，這個調和氣脈的問題，已經包含在內了。如果專門注意修氣脈的話，很容易發生「身見」，更會增強一個人的我執，這個我執和身見，就是證得正覺的大障礙。

靜坐的姿勢，十分重要，如不把姿勢調整好的話，弄得曲背彎腰，常久下去，一定會生病。許多練習靜坐的人，有的得了氣壅病，有的吐血，使身體害了禪病，說起來都是因為打坐姿勢不正確引起的，所以修習靜坐的人，一定要十分小心注意姿勢才是。

如果依照正確的方法和姿勢修習，身體本能活動發生作用，身體內的氣機自然流行，機能也自然活潑起來，就會有大樂的感受，這是心身動靜交互磨擦激盪而產生的現象。

對於這種現象，一概不可以認真或執著，因為現象就是現象，不久會消失而成為過去，如果對現象執著的話，就進入了魔境，就是向外馳求了。

如果修定方法正確的話，自己的心身必會得到利益。譬如說頭腦清醒、耳聰目明、呼吸深沉可入丹田、四肢柔暢，連粗茶淡飯也會和山珍海味一樣的好吃；如果原來有病的人，也會不藥而癒，精力也覺充沛。修定到了這一步，應該注意減少消耗，如果犯行淫慾，就會造成氣脈閉塞，心身都會得病了。

初修禪定入門方法

開始修習定慧之學，最重要的是決心和願力。在佛學上稱為發心。其次重要的就是修所有的福德資糧，大意就是隨時隨地的行善，以善行的善報，才能做為修行的資本條件。有了願力和決心，再有了修行所需的條件和環境，才能夠入道，才能談成功。

顯教和密宗的修法，都是以四無量心為重，如果一個修學的人沒有具備大願力和大善行，結果一定會誤入歧途的，由此可見一個人的成功是以願力和資糧為基礎的。

俗話說，工欲善其事，必先利其器，如果要成功，必須藉有用的工具。修定學禪也是一樣需要工具，而修定的工具不必向外找，我們的六根，正是很好的入門工具。

我們的六根（眼、耳、鼻、舌、身、意）外對六塵（色、聲、香、味、觸、法），隨時都在虛妄中隨波逐流，迷失真性。《楞嚴經》中，稱六根為六賊，「現前眼耳鼻舌及與身心，六為賊媒，自劫家寶；由此無始眾生世界生纏縛故，於器世間不能超越」。現在修行人要依禪定的力量，而返還性真，正好藉用六根作為工具。

如何藉用六根作為工具呢？就是在眼、耳、鼻、舌、身、意六根之中，任意選取一種，把心緣繫於選定的這一根，漸漸練習純熟，就可以達到「初止境」。

但是，每一根塵都可以產生許多不同的差別法門，分析起來是很複雜的。

佛說一念之間有八萬四千煩惱。「佛說一切法，為度一切心，吾無一切心，何用一切法？」每人的性格、習慣和喜愛都不相同，就是說根器各不相同，所以一定要選擇能適合自己的法門，才能藉依這個法門去修習。下面列舉通常習知的幾種方法，作為修定入門的參考。如要深入瞭解，應該研習那些顯密經論才對（在《楞嚴經》中有二十五位菩薩圓通法門，已包括了大多數的方法）。

眼色法門可分為下列兩類：

一、繫緣於物——就是眼睛對著一個物體來修定。這個方法是在眼睛視線範圍內，平放一物，或是佛像或其他物件，以能稍發一點亮光者為佳。在練習靜坐時，視力輕鬆的，似乎在注視著這件物體。

至於光色的選擇，也要配合適合個人的心理和生理，例如神經過敏或腦充血的人，應該用綠色的光；神經衰弱的人，應該用紅色的光；個性急躁的人，應該用青色柔和的光體。這些都要看實際的情況來決定，不是死板固定的。不過，當選擇好一種以後，最好不要再變更，常常變更反而變成一件累贅的事了。

二、繫緣於光明——這個方法是眼睛對著光明，開始練習打坐時，視線之內放置一個小燈光（限用青油燈），或者香燭的光，或者日月星辰的光等（催眠術家用水晶球光）。把光對著視線，但稍微偏一點較好，另外也可以觀虛空；觀空中自然的光色，或觀鏡子，或觀水火等物的光色等，統統都是屬於這個方法的範圍。不過，有一點要特別注意，就是對著鏡子看自己的方法，容易造成精神分裂的離魂症，不可輕易嘗試。

像這些方法，佛道及外道都同樣的採用。在佛法的立場上來說，修學的人首先要瞭解一點，就是說這些方法只是方法，都只是為了使初學的人容易入門而已，如果執著方法，把方法當作真實，就落入魔境外道了。因為自己的心如果不能定止於一緣，反而去忙於方法，就會變成混亂，如果心念混亂，自然就不能達到「止」的境界了。

在修定的過程中，常常會產生種種不同的境象，譬如在光色的境界中，最容易生起幻象，或發生「眼神通」現象。如果沒有明師指導，非常危險，馬上會誤入魔道。

上根利器的人，若有若無，不即不離的在色塵境中，也有豁然開悟的，這並不是一般常情所能推測的，如釋迦看見天上明星而悟道。此外，也有忽然看見一物，就洞見本性的例子。

在禪宗古德中，靈雲禪師就是見桃花而悟道的，是一個非常奇特的例子。他在悟道後的偈語說：「三十年來尋劍客，幾回落葉又抽枝，自從一見桃花後，直至如今更不疑」。後來也有人追隨他的舊路，也有偈語道：「靈雲一見不再見，紅白枝枝不著花，叵耐釣魚船上客，卻來平地摝魚蝦」。如果真能做到這一步，自然不會受那些小方法所限制了。

耳聲法門又可分內外兩種：

一、內耳聲法門——這個方法是在自己體內自作聲音，如念佛、念咒、念經等等。念的方法又分為三種，即大聲念、微聲念（經稱金剛念），及心聲念（經稱瑜伽念）。在念的時候，用耳根返聞念的聲音。就是說一邊念一邊自己向內聽這個聲音。最初聽到的是聲聲念念，是許多接連斷續的念佛或念咒的聲音，漸漸收攝縮小，而達到專心一念一聲，最後終歸使心念靜止。

二、外耳聲法門——這個方法是以外面的聲音為對象，任何聲音都可以，但最好是流水聲、瀑布聲、風吹鈴鐸聲、梵唱聲等。用聽外界聲音的方法，最容易得定。在《楞嚴經》中，二十五位菩薩的圓通法門，以觀音的法門最好，觀音法門就是以音聲法門入道的。故說：「此方真教體，清淨在音聞」。當最初心意能夠專一在聲音的時候，能夠不昏沉，不散亂，就是說能夠輕鬆自然保持這種專一的境界，就是得到了「定」。再經常這樣修習下去，有一天忽然入於寂境，一切的聲音都聽不到了，這是靜極的境象，定相出現了，佛經上稱這個靜象為「靜結」。

在「靜結」出現時，不要貪著這個境界，並且應該瞭解，「動」是現象，「靜結」也是靜的現象，要超出動靜二相，不住不離於動相和靜相。而且要證知中道，了然不生的中道，這時，就由定而進入「觀慧」的領域了。

慧觀聞性，不是屬於動靜的，與動靜無關，那是不間斷也不連續的，體自無生，是無生無滅的本體。不過，這仍然屬於漸修的階梯範圍。禪宗的古德們，很多人並不經過這些漸次的階梯，而一句話就成功了，在聽到聲音的那一剎那間，言下頓悟，得到了解脫。所以，禪門入道的人，都認為觀世音的耳根圓通聞聲法門了不起。

例如在百丈禪師的門下，有一個僧人聽到鐘聲而開悟，百丈當時就說：「俊哉，此乃觀音入道之門也」。其他還有香嚴擊打竹子而見性，圓悟勤聽見雞飛的聲音而悟道，再有圓悟所說的「薰風自南來，殿角生微涼」。又如提到唐人的艷詩：「頻呼小玉原無事，祇要檀郎認得聲」等，這些都是屬於言下證入，真是偉大，美不勝收。

修習耳根圓通的人很多，但是，至死不能瞭解「動靜二相，了然不生」的人，更是不少。

離開了外境的音聲，與外境音聲毫不相干，自然能寂然入定，但是這個定相仍然是靜境，是動靜二相中的靜相而已。自己的心身本來就是在動靜二相之中，這一點如果不能認識清楚，而把得定的靜相當作了本體自性，那就是外道的見解。相反地，如果能超過這個階段，就可以算是入門了。

鼻息法門——這個方法，就是藉呼吸之氣而修習得定。呼吸能夠漸漸細勻而靜止，就是息。凡是修氣脈的，練各種氣功的，以及數息隨息等方法的，都屬於鼻息法門。天臺宗和藏密兩派，最注重鼻息法門。

這個法門的最高法則，就是心息相依，凡是思慮太多的人、心思散亂的人，用這個法門，依息而制心，比較容易收效。等到得定後，如果再細微的體察一下，就會發現心息本來是相依為命的。

一個人的思慮，是隨著氣息而生的，氣息的作用，就是以念慮表現出來。當氣定念寂的時候，就泊然大靜了，不過，思慮氣息及泊然大靜，兩者都是本性功能的作用，並不是道體。

道家認為，先天一氣（氣或作炁），是散而為氣，聚而成形的，一般的外道，把氣當作是性命的根本，這是非常錯誤的。如果認某一物而迷失自己的心，不能瞭解體性為用的道理，這也就是外道與正法內學分歧的地方。

如果能夠先悟到了自性，修習工夫漸漸深入，達到心息相依自在的境界，體驗了心物一元，才知道一切的法門，不過都是為修學的方便而已。

身觸法門——這個法門分為廣義和狹義兩種，廣義的身觸法門，包括了所有的六根法門，因為這些方法，都是依身根而修的。再說，如果沒有我們這個身體，六根又依附什麼呢？所以，諸法都是依身根而修的。

狹義的身觸法門，就是注意力專門集中身體上的一點，如兩眉中間、頭頂上、臍下、足心、尾閭、會陰等處。在打坐修習時，或用觀想的方法，或用守氣息的方法，或者修氣脈等，專注於一點，都是屬於這個法門。

身觸法門的修法，使修習人容易得到身體上的反應，如感受、觸覺、涼暖、和軟、光滑、細澀等等，有時更會有多種的反應和感受。所以這個法門使人常常會執著於現象，而以氣脈的現象，來決定道力的深淺，最後反而陷入了著相的境界。這就是《金剛經》上所說的「我相、人相、眾生相、壽者相」。密宗和道家的修法，最容易使人陷入著相的毛病，所以最難甩脫掉的，就是法執。

修行人最難的就是從身見中解脫出來，黃檗禪師時常嘆息這件事：「身見最難忘」。在《圓覺經》中也有：「妄認四大為自身相，六塵緣影為自心相」。古今的愚昧人眾，都犯這個毛病，所以永嘉禪師說：「放四大，莫把捉，寂滅性中隨飲啄」。

有人也許會說，在工夫沒有達到聖人的標準時，怎麼能辦得到沒有身見呢？還是要借假修真，借這個四大假合的身體，去修我們的真如體性。以身為一個方便法門，不也是修行入道的一個途徑嗎？

這個說法也對，只要瞭解這是個法門，不要迷頭認影，把影子當真才是，如果迷頭認影那就沉淪難以自拔了。老子說：「吾所以有大患者，為吾有身」，這句話真不愧是至理名言。所以禪宗的古德們，絕對不談氣脈的問題，以免學人著相，這種作風實在很高明。

意識法門——這個法門，包括了所有一切的法門，擴大的說，就是八萬四千法門，大體上，也就是《百法明門論》中所列具的。前面所說的那些法門，雖然都是與五根塵境和五識的關聯，但五識是由意識為主的，五識不過像是五個傀儡上場，後面有牽線的人，這些線的主力，就是意識，而牽線的人，就是心王。

凡所有的法相，都是由心所生的，所以，一切的法門，都是意識所造作出來的。現在又單獨提出意識自性，勉強再當一個法門來討論，其實，舉凡觀心、止觀、參禪等方法，都應該屬於意識法門。

觀心法門——在開始的時候，所觀的心並不是自性真心，而是有生滅的念頭，也就是意識的妄心。在靜坐觀心的時候，只要內觀這點，向自己的意識內，尋找生滅的妄心，去注意這個念頭妄心的開始和消滅，以及來蹤去跡。像這樣的內觀接續不斷生滅的念頭，直到有一天，念頭生滅之流忽然斷了。這時前念已滅，滅了就不去理它；後念還沒有生，沒有生也不去引發它。前念已空，後念未起，當體空寂。這個情景就像香象渡河一樣，巨大的香象有巨大的魄力，不論多急的河流，牠卻不顧一切地橫渡而過，身體截斷了水流，到了這個境界就是到達了止的境界，佛學上稱為「奢摩他」。

可是這個止的境界，並不是澈底究竟的根本，這只是一個相似空的靜止境界，要在當體時去觀，觀到「有」是由「空」而起的；「空」是從「有」而立的。「生滅」是「真如」所表現的作用；「真如」也就是「生滅」的本體。能夠觀到了這個境界，不住任何一邊而見中道，最後，邊見捨除，連中也丟掉，就是到了觀慧的程度，佛學上稱為「毗鉢舍那」。

止觀修成之後，以止觀雙運為因，修持下去，自然得到定和慧都具有的果實。再一步一步繼續修下去，就是十地菩薩一地一地的上進，最後證得圓滿菩提。

天臺之學、藏密黃教《菩提道炬論》、中觀正見等學，都是屬於這個修習的範圍。

至於參禪的法門，在初期的禪宗，沒有任何的法門教給學人，所謂「言語道斷，心行處滅」，哪裡還有一個法門給人呢？後代參禪的人，他們的方法卻是參話頭、起疑情、做工夫，這些不是都屬於用意識的法門嗎？

不過，禪宗用的意識入門，與其他法門不同，就是把疑情作為「用」。疑情是什麼？疑情並不是觀心的慧學，不像止觀法門那樣，也不是《百法明門論》所列舉的疑。疑和情連繫起來，就深入了第八阿賴耶本識，帶質而生，此心此身，本來是相互凝合為一的。不過，在沒有開悟以前的人，像是胸中橫著一個東西，拔也拔不掉，一定要在適當的機會、環境和接引下，才會豁然頓破。所以說：「靈光獨耀，迥脫根塵」，「凡所有相，皆是虛妄」。

如果要達到「末後一句，始到牢關，把斷要津，不通凡聖」的境界，卻不是言語文字可以形容描寫的。這是踏破「毗盧」頂上，拋向「威音」那邊，也就是說涉及了無始以前，就是與千聖一起商量討論，都是難解釋的事情，哪裡會是我們用思慮討論所能瞭解的呢？

定慧影像

佛學中的小乘之學，是由戒開始入門的，能夠持戒，才能夠進而得定，有了定，才能夠發智慧而得到解脫，最後達到解脫知見的境界。

佛法的大乘之學，是由布施、持戒、忍辱、精進為開始，進而達到禪定，最後得到的結果就是般若智。

佛法中所論及的止也好，觀也好，都是定慧的因，都是修學的最初現象而已。

用六根的方法修學，演變出來了八萬四千法門，所有這一切的法門，開始都是為了使意念靜止；意念達到了止就是定，定的程度以工力的深淺而有差別。

修定的方法，有的是從「有」入門，就是藉著有為法，而進入「空」。有的是從「空」開始，就是空掉一切的「有」，而知道「妙有」的用。法門雖多，目的都是一樣，為了達到定而已。

現在先來談一談定的現象：凡是能夠把心念繫在一個目標上，控制心意在一處不亂，就是止的境界，也就是入定的基礎。

什麼是定？定就是不散亂，不昏沉，惺惺而又寂寂，寂寂而又惺惺。也就是說，心念已寂然，但卻不是死寂，所以稱為惺惺，表示火熄了，但仍有火種埋在灰中，這個惺惺寂寂的境界就是定。

「不依心，不依身，不依也不依」，達到了這個境界，心念不依附在心，也不專注在身，連不依不專注也都丟掉，就是定。

在開始修定的階段，往往不是散亂，就是昏沉，或者是一會兒散亂，一會兒昏沉。其實，我們人天天都是這個樣子，一輩子都是這個樣子，不過自己不知道罷了。下面先討論散亂和昏沉這兩種現象。

一、散亂——心念粗就是散亂，心念較細的散亂稱為「掉舉」。

修定的人，心念不能夠繫止於一緣，反而妄想紛飛，滿腦子都是思想、聯想、回憶、攀緣等等，不能夠制心一處，這就是粗散亂。

如果心念不太散亂，似乎已經繫住一緣，但仍有些比較細微的妄念，好像遊絲灰塵一樣的往來，全然沒有什麼干擾，但是仍然是一種微細的纏眠，有「多少遊絲羈不住，捲簾人在畫圖中」的味道，這種境界就叫做「掉舉」。

修習的人，許多都在這個「掉舉」境界，因為自己沒有認識清楚，所以不瞭解自己仍在微細散亂的境界，還自以為已經得定了，這實在是大錯特錯的想法。

最初修習的人，如果是妄念不止，又有心亂氣浮的情況，不能安靜下來，最好先使身體勞累，譬如運動啦，拜佛啦，先使身體調和，氣息柔順，然後再上座修定，練習不隨著妄念亂跑，只專注於一緣，日久熟練自然就可以繫於一緣了。

換言之，如果妄念亂心來了，對待它們就好像對待往來的客人一樣，只要自己這個主人，對客人採取不迎不拒的態度，客人自然會漸漸散去，妄念亂心也就慢慢停止了。

不過，在妄念將停止時，自心會忽然感到將要進入止的境界了，但是，自心的這種感受又是一個妄念，這個妄念停止時，另一個妄念又生，這樣周而復始，妄念來來去去，就很難達到止的境界了。

在修定的時候，最好不要認為自己是修止修定，待止的境界來到時，不要執著想要入定，反而可以漸漸入於止境。

在禪坐時，妄念常常比平時還多，這是一種進步的現象，所以不必厭煩。這個情況就像把明礬放進渾水時，看見水中濁渣下降，才知道水中原來有渣滓。又好像從透過門縫中的陽光，才會看見空中的灰塵飛動。水中的渣滓和空中的灰塵都是原來就有的，只是平時不曾察覺，而在某種情況下就很容易顯示出來。妄念在禪定時似乎更多，其實自己本來就有許許多多的妄想，只是在修定時才會發現，所以這不是問題，不足為慮。

不過，如果妄念太多，散亂力太大而不能停止的話，可以採用數息隨息的方法來對付散亂；或者用觀想的方法也可，就是觀想臍下或腳心，有一個黑色的光點。另外一個針對散亂的方法，就是出聲唸阿彌陀佛，在唸到「佛」字時，把這個最後的「佛」字拖長下沉，好像自己的心身，都沉到無底的深處一樣。

二、昏沉——粗的昏沉就是睡眠，細的昏沉才叫做昏沉。

身體疲勞就需要睡眠，心的疲勞也會使人有睡眠的慾望。在需要睡眠的情況下，不要強迫自己修定，必須先睡足了，再上座修定。如果養成了借禪坐睡眠的習慣，修定就永遠沒有成功的希望了。

在昏沉的時候，心念好似在寂寂的狀態一樣，但是既不能繫心於一緣，也不起什麼粗的妄想，只有一種昏昏迷迷，甚至無身無心的感覺，這就是昏沉。

在昏沉現象初起的時候，有時會有一種幻境，就像在夢中差不多，換句話說，幻境都是在昏沉狀態中產生的，因為在昏沉時，意識不能明瞭，而獨影意識卻產生了作用。

修定的人，最容易落入昏沉的境界，如果不能瞭解這是昏沉，而自以為是得定，實在是可悲的墮落。宗喀巴大師曾說過，若認為這種昏沉就是定境的話，命終以後，就會墮入畜生道，所以不謹慎還行嗎？

克服昏沉的方法，也是用觀想，觀想臍中有一個紅色的光點，這個光點由臍中上冲，冲到頭頂而散。另外一個方法，就是用盡全身的氣力，大呼一聲「呸」，或者捏住兩鼻孔，忍住呼吸，到忍不住的時候，極力由鼻孔射出。或者洗一個冷水澡，或者作適度的運動。一個練習氣功的人，可能不容易有昏沉的現象（有人認為昏沉就是「頑空」境界，那是不對的，「頑空」是木然無思念，類似白癡狀態）。

當散亂昏沉沒有了，忽然在一念之間，心止於一緣，不動不搖，這時一定會產生輕安的現象。有人是從頭頂上開始，有人則是從腳心發起。

從頭頂上開始的人，只感覺頭頂上一陣清涼，如醍醐灌頂，然後遍貫全身，心念在止境，身體也感覺輕軟，好像連骨頭都融化了。這時身體自然挺直，好像一棵松樹。心念及所緣的外境，都是歷歷分明，十分清晰，也沒有任何動靜或昏沉散亂的現象。到了這個輕安的境界，自然喜悅無量，不過，時間或久或短，輕安現象還是容易消失的。

另一種從腳心開始的，先感覺暖或涼，漸漸上升到頭頂，好像穿過了天空一樣。從足下開始的輕安，比自頂上開始的，更容易保持，不易消失。

儒家說，靜中覺物，皆有春意，「萬物靜觀皆自得」，這個境界就是從輕安中體會出來的。

到達了輕安的境界後，修習的人最好獨自居住在安靜的地方，努力上進，如果又攀結許多外緣事物，不能繼續努力，輕安就漸漸消失了。

如果繼續努力修習下去，會發現在不知不覺中，輕安的現象變得淡薄了。事實上這個現象並不表示輕安消失了，而是因為長久在輕安中，不像初得輕安時那麼明顯而已。就好像吃慣了一種味道，再吃就不會像頭一次那樣新奇罷了。

從這個輕安的境界，再繼續用功，不要間斷，定力就堅固了。這時會感到清清明明，全身的氣脈也有了種種變化，如感覺身體發暖發樂等，難以形容的微妙感受，這就是「內觸妙樂」之趣了。到了這個程度，才可以斷除人世間的欲根。

當體內氣機最初發動的時候，生機活潑，體內陽氣周流全身，如果忘記把心念「繫緣一境」的話，性慾必定旺盛起來，這是十分危險的事，要非常謹慎自處才行。過了這一步險路，再往前邁進就發生了「頂」相，也就是超過了「煖」地更進一步。此時，氣息歸元了，心止境寂。因為這是三昧戒不許說的範圍，很難用言語文字說明。並且，修習過程中的各種身心變化，都需要知道對付的方法才能成功，這是屬於遮戒範圍，在此也不加討論。

修定的人到了這個程度，可能有氣住脈停的現象，其他學說對於氣住脈停的現象，都有很詳細的描述。邵康節的詩中說：「天根月窟常來往，三十六宮都是春」，這個境界聽起來很容易，但真要能夠達到這個程度，卻不是一件容易的事。

如果真的達到了這個境界，再繼續住於定中，就可以發生五種神通，在五神通中，眼通是最難發起的，一旦發起了眼通，其餘四種神通也就相繼的發起了。不過，也有因根器秉賦的不同，或者只發一種神通，或者同時併發，都不是一定的。

眼通發起的時候，無論開眼閉眼，都可以清楚地看到十方虛空，山河大地，在微細塵中，一切都像透明琉璃一樣，絲毫沒有障礙，並且，凡是自己要看的事物，只要心念一起，都可以立刻看到。其他的神通，也是一樣情形。

修行人在定心沒有到達頂點，智慧沒有開發之前，忽然發起了神通，就很容易跟隨著神通而妄念流轉，反而失掉了本性，弄得修證的目標也丟了。如果再用神通去迷惑人，就是進入了魔道。所以修習的人如果把定當作最後目的地的話，等於黑夜行路，最容易落入險途，這是魔外之道的三岔路口，不能不特別小心。

有些人也許不發神通，但定心堅固有力，可以控制自己的心身，隨意停止氣息或心臟的活動。如印度的婆羅門、瑜珈術及中國的鍊形器合一之劍術等，都是到達了這個定境，用控制身心的方法去震驚世人，造成奇蹟。不過，能達到這個程度，非排除一切外務，經過很多歲月的專心努力，是不能成功的，這絕對不是僥倖可成的事情。

佛法的中心定慧之學，以定為基礎，在得到定以後，連這個定的念頭也要捨棄，而住於一種「生滅滅已，寂滅現前」的境界。這時一切的生和滅都滅掉了，連身心都沒有了，何況心身所達到的境界，當然也都滅掉了。因為這個可得的境界，就是「心所」所生的，是屬於生滅的範圍；既然是生滅的範圍，當然就是虛妄。所以《楞嚴經》中說：「現前雖得（成）九次第定，不得漏盡成阿羅漢，皆由執此生死妄想，誤為真實」。

若能捨掉定相，住於寂滅之中，「性空」就呈現了，這是小乘的目標果位，破除了我執，而達到「人空」的境界。

修習大乘菩薩道的人，連小乘所達到的這個空寂也要捨棄，轉回來反要去觀，觀一切假有實幻的生滅往來，緣起無生，成為妙有之用。最後還是要不住不著於任何境界，也就是說，既不執著「空」，也不執著「有」，更要捨離「中道」，不即不離，而證到等覺和妙覺的果海。

證得了等妙二覺之果，才知道一切眾生本來就在定中，根本用不著去修證這個空。佛所說的這一大藏教，就是這個問題，用不著再多囉嗦了。

話雖如此，如果沒有定，就失去了基礎，只會說理，不能親證這個理，只能算是「乾慧狂見」，只能隨著水順流，而不能返流；也就是說自己不能做主，也都是虛妄不實的。許多人學問通達古今，嘴上說得頭頭是道，好像舌頭上生出一朵蓮花一樣美妙，可是卻沒有半點工夫。如果只會說理，就算說得頑石點頭，也沒有用處，只不過是讚揚自己，毀損別人，哪裡是什麼佛心？古德說：「說得一尺不如行得一寸」，所以學佛的人，必須痛加反省，戒除這個只能說不能行的毛病，要按照五乘階梯之學而努力，這是必須的步驟，願與大家共同勉勵努力。

參禪指月

參禪這件事，並不是禪定，但也離不開禪定，這其中的道理，在前面〈禪宗與禪定〉〈參話頭〉等各章中已大略談到了，這裡再畫蛇添足，作一些補充說明。

參禪的人，第一重要的就是發心，也就是個人的堅定志願，並且要認清一個事實，就是如果想要直趨無上菩提達到頓悟的話，絕不是小福德因緣就可以成功的。舉凡由人天二乘而到大乘，五乘道中所包羅的六度萬行的所有修法，一切修積福德資糧的善法，都要切實遵行去修才行。換言之，沒有大的犧牲和努力，但憑一點小小聰明福報善行，就想證入菩提，那是絕對不可能的。所以達摩初祖說：「諸佛無上妙道，曠劫精勤，難行能行，非忍而忍，豈以小德小智，輕心慢心，欲冀真乘，徒勞勤苦」。

如果能誠摯真切的發心，再積備了福德圓滿，在適當的機緣到達時，自然就會有智慧去選擇正途而成功。所以說：「學道須是鐵漢，著手心頭便判，直取無上菩提，一切是非莫管」。

除了有此心胸見識的條件外，另一個重要的事，就是找真善知識，也就是老師。要找的老師，一定是一明道而有經驗的過來人，跟隨著這個老師修習，找到自己的拄杖，就可以直奔大道。如果不生反悔的心，這一生不成功，可以期待來生，堅定信念，有三生的努力，沒有不成功的道理。所以古德曾說：「抱定一句話頭，堅挺不移，若不即得開悟，臨命終時，不墮惡道，天上人間，任意寄居」。

要知道，古德中的真善知識，對於因果深切明瞭，絕不會自欺欺人的，這些真善知識們所說的話，是不可不信的！

話頭就等於入道的拄杖，真善知識老師，就像一匹識途老馬。參禪的人，手拿拄杖，騎著良馬，見鞭影而飛馳，聽見號角而斷鎖，重視自己，也重視別人，在良師細心指引下，一旦豁然開悟，才知道自己本來就沒有迷，哪裡會有什麼悟呢！

如果把「起疑情」、「提話頭」、「作工夫」和參禪相提並論的話，只能說起疑情、提話頭和作工夫對參禪有影響作用，這影響作用並不是實際的「法」。「與人有法還同妄，執我無心總是癡」，如果把這些法當作尺度去測量別人，審驗自己，就是把牛奶變成毒藥了，如果為此喪身失命，實在罪過。但是如果過分輕視起疑情、提話頭、作工夫等觀念，認為完全是不對的，不是參禪的真實法門，那便成了好龍的葉公，一旦看見真龍來了，反而駭怕，豈不成了笑話。所以說起疑情、提話頭、作工夫等道理，究竟是不是參禪的正法，或者是可用不可用，應該如何去活用，都交替說得很多了。如果自己還有不明白的，筆者也沒有別的辦法了。

青原惟信禪師，上堂說法時道：

「老僧三十年前未參禪時，見山是山，見水是水。及至後來，親見知識，有個入處，見山不是山，見水不是水。而今得個休歇處，依前見山只是山，見水只是水。大眾，這三般見解是同是別？有人緇素得出，許汝親見老僧」。

所以參禪的人，一定要真參，悟的話也一定要真真實實的悟，不是隨便說說就能算數的。「參要真參，悟要實悟」，這句古德的話，就是這個道理。參禪深入，經過一番大死忽然大活，悟境出現在眼前，心目在動定之間，尋覓身心，都是了不可得，身心已不存在了，古德說：「如在燈影中行」，是一個實際的狀況。到了這個「燈影中行」的境界，參禪的人夜睡不會做夢，就可以證得了「醒夢一如」的境界。就像三祖所說：「眼若不寐，諸夢自除，心若不異，萬法一如」。這是他自身的體驗，絕對真實，並不是表詮法相的話。陸大夫曾向南泉禪師說：「肇法師也甚奇特，解道天地與我同根，萬物與我一體」。

南泉指著院中牡丹花說：「大夫，時人見此一株花，如夢相似」。南泉所指的與夢相似，以及經教中所說的如幻如夢的比喻，都是與事實相吻合的。

修行人到了醒夢一如的境界，要看個人程度的深淺，應該維持保護這個已達到的境界。就像雪巖禪師用斗笠作比喻教導道吾，囑咐道吾戴上斗笠遮蓋，以免滲漏，這就是教道吾保任已得到的工夫境界。

覆蓋保任的道理，在百丈禪師對長慶所說的話中，也可以表達：「如牧牛人執杖視之，令不犯人苗稼」。否則有了工夫，如果不小心保任，工夫仍會失掉。

許多參禪的人，都曾達到過這個境界，但卻不是勤修而來的，而是碰上的，就是「如蟲禦木，偶爾成文」，實際上只是瞎貓碰上死老鼠，是偶然碰上而已，並不是自己有把握的事。如果修行人像牧牛人一樣，能夠保任，工夫自然就會深入進步。

修習人在剛到達這個境界時，容易發生禪病，變成歡喜無比，這也是要小心應付的。韶山曾警告劉經臣居士說：「爾後或有非常境界，無限歡喜，宜急收拾，即成佛器，收拾不得，或致失心」。黃龍新對靈源清說：「新得法空者，多喜悅，或致亂，令就侍者房熟寐」。

可見初得法空境界的人，常會歡喜欣悅而散亂，要切實注意，不可散亂，要隨時避免塵俗而保任，培養這個新得的聖胎，等到道果成熟，再在出世入世兩方面實行，「一切治生產業，皆與實相不相違背」。

道果成熟了，不論出世或入世，修行人都是能說能行，能說得到就辦得到的，是屬於悟行合一，不是只會說而做不到，或者有任何邊見偏差。大義應當做的事，赴湯蹈火都要去做，這樣繼續鍛鍊，在念而無念之間，就自在運用了。

到了此時，還不澈底，這個無實相的境界，還要捨離，如果不能捨離，就會執著法身，離涅槃果實，就遠隔重關了。必須再要經過幾番死活，達到心物一如的境界，才能夠到達心能轉物。

前面所談的境界，如能到達純熟自主，此心好像清淨圓明的一輪皓月一樣，但還是屬於初悟的境界。曹山說過一句話，其含意很需要仔細推敲：「初心悟者，悟了同未悟」，所以在南泉賞月的時候，有僧人問他：「幾時得似這個去」，南泉說：「王老師二十年前，亦恁麼來」。那個僧人又問道：「即今作麼生」，南泉不理，就回方丈房了。

為什麼說到了這個境界，還須達到心物一如，才能轉過重關呢？對於這個問題，引用下面幾個古德的話來解釋：

歸宗說：「光不透脫，只因目前有物」。

南泉說：「這個物，不是聞不聞」。又說：「妙用自通，不依旁物，所以道通不是依通，事須假物，方始得見」，又說：「不從生因之所生」。

文殊說：「惟從了因之所了」。

夾山說：「目前無法，意在目前，不是目前法，非耳目之所到」。

這些古德的話都說明了，並不是明白了理就行，而是要能行才算數。既然達到了這個境界，又必須拋向那邊，不可住於這個境界。就像靈雲法語所記載：

「長生問：混沌未分時，含生何來？師曰：如露柱懷胎。曰：分後如何？師曰：如片雲點太清。曰：未審太清還受點也無？師不答。曰：恁麼含生不來也？師亦不答。曰：直得純清絕點時如何？師曰：猶是真常流注。曰：如何是真常流注？師曰：似鏡長明。曰：向上更有事也無？師曰：有。曰：如何是向上事？師曰：打破鏡來與汝相見」。

然則打破鏡來，就是已經到家了嗎？答：未必。到家事到底是如何？

答：沒有聽過「向上一路，千聖不傳」嗎？雖然如此說，姑且指一條路吧。

答：最初的即是最末的，最淺的就是最高深的，諸惡莫作，眾善奉行。

以上簡單所述，都是事理並至的事實，實相無相，都是有影響作用的說法，到底哪一樣是法，哪一樣不是法，只好個人自己去挑選了。

上根利器的人，根本不會被別人的話所惑亂，但是，一個人更不能嘴上隨意說禪說道，能說不能行，一點沒有證到工夫境界，只是有知解，還自以為了不起。

有人認為，古德曾說：「大悟十八回，小悟無數回」。他自己已經身心皆忘，什麼都不知道，頓然入寂了，並且大死大活過幾次，可是仍然沒有達到那最高的成功境界，為什麼我們說得那麼簡單呢？

這個問題可以照下面的話來回答：古德所說大悟小悟，所指的並不是證事相，所指的只是悟理的入門而已。古德這句話，固然對後學是一種鼓勵，可是也實在誤人不淺。

因為一般所說的頓寂，以及大死大活無數回等，統統是工用方面的事。就好像曹洞師弟所說的，是功勳位上的事情。這一切屬於工夫方面，屬於工用的事，並不是禪宗所稱的實悟，而只是悟後的行履，悟後的實踐而已。

「不異舊時人，只異舊時行履處」。這句話就是形容一個人在開悟後，雖然仍是從前那個人，但是行為卻與以前不同了。行履工用就是功勳，修行人雖不執著功勳，但也重視功勳。

上根利器的人，可以直探根源，直接透入問題的根本而開悟，如賊入空室之中，赤條條來去無牽掛，毫無障礙，事與理都解決了，都不成問題。

話雖如此說，到底也要出一身冷汗才行。並不是像畫眉毛或擦胭脂一樣的，只顧表面就可以了，一定要經過奮鬪流汗才行。對於出一身汗這句話，也不能執著，也有人是不出汗而大悟的。不過，沒有經過一番甘苦，到底不踏實，如：

「龍湖普聞禪師，唐僖宗太子。眉目風骨，清朗如畫，生而不茹葷，僖宗百計移之，終不得；及僖宗幸蜀，遂斷髮逸遊，人不知者。造石霜，一夕，入室懇曰：祖師別傳事，肯以相付乎？霜曰：莫謗祖師。師曰：天下宗旨盛傳，豈妄為之耶？霜曰：是實事耶？

師曰：師意如何？霜曰：待案山點頭，即向汝道。師聞俯而惟曰：大奇！汗下。遂拜辭。後住龍湖，神異行跡頗多」。

「靈雲鐵牛持定禪師，太和磻溪王氏子，故宋尚書贊九世孫也。自幼清苦剛介，有塵外志，年三十，謁西峰肯庵剪髮，得聞別傳之旨。尋依雪巖欽，居槽廠，服杜多（頭陀）行。一日，欽示眾曰：兄弟家！做工夫，若也七晝夜一念無間，無個入處，所取老僧頭做舀屎杓。師默領，勵精奮發，因患痢，藥石漿飲皆禁絕，單持正念，目不交睫者七日；至夜半，忽覺山河大地，徧界如雪，堂堂一身，乾坤包不得；有頃，聞擊木聲，豁然開悟，徧體汗流，其疾亦愈。且詣方丈舉似欽，反覆詰之，遂命為僧」。（《續指月錄》）

「五祖演參白雲端。遂舉僧問南泉摩尼珠語請問。雲叱之，師領悟。獻投機偈曰：山前一片閒田地，叉手叮嚀問祖翁，幾度賣來還自買，為憐松竹引清風。雲特印可。……雲語師曰：有數禪客自廬山來，皆有悟入處；教伊說亦說得有來由；舉因緣問伊，亦明得；教伊下語，亦下得，祗是未在！師於是大疑，私自計曰：既悟了，說亦說得，明亦明得，如何卻未在？遂參究累日，忽然省悟，從前寶惜，一時放下，走見白雲，雲為手舞足蹈，師亦一笑而已。師後曰：吾因茲出一身白汗，便明得下截清風」。

上面所列舉的幾個例子，很有親切感，使人覺得極為方便快捷，如果執著於「大死大活」、「枯木生花」、「冷灰爆豆」、「囮的一聲」、「普化一聲雷」等等，形容和比喻的字眼，把這些形容辭句，當作了實在的法門，認為一定有具體的事顯現出來，那麼，禪宗的無上心法，就連作夢都不會找到了，只是令內行人失笑而已。但是，如果把這些形容辭句，純粹當作比喻來看，與事實毫無關係，也是等於癡人說夢，不知道說夢的就是癡人。

參禪開悟後的人，是不是仍要修定呢？

對於這個問題，可以說修與不修，是兩頭的話，用兩句偈語來說明：「不擒不縱坦然住，無來無去任縱橫」。天天吃飯穿衣，沒有咬著一粒米，沒有穿著一條線，就如飛鳥行空，寒潭撈月一樣，得不到任何真實的事相。

如果到了這一步，仍沒有穩固，則一切的法門，都與實相一樣，都可以任意的揣摩，不妨一切都從頭做起，臨濟圓寂時的偈語說：「沿流不止問如何，真照無邊說似他，離相離名人不稟，吹毛用了急須磨」。

如果要問是否仍須坐禪？

回答是：這叫什麼話！在日常生活的行住坐臥四威儀中，自然要隨時隨地能定才行，不能說只有坐禪才是定，也不能說坐禪不是定。如果是明心見性悟道的人，自然知道如何用功，「長伸兩足眠一寤，醒來天地還依舊」。又有什麼地方不是呢？黃龍心稱虎丘隆為瞌睡虎，不是沒有原因的。又如：

「臨濟悟後，在僧堂裡睡，黃檗入堂，見，以拄杖打板頭一下。師舉首見是檗，卻又睡；檗又打板頭一下。卻往上間，見首座坐禪。乃曰：下間後生卻坐禪，汝在這裡妄想作麼？」

「鐵牛定悟後，值雪巖欽巡堂次。師以楮被裹身而臥。欽召至方丈，厲聲曰：我巡堂，汝打睡，若道得即放過，道不得即趁下山。師隨口答曰：鐵牛無力懶耕田，帶索和犁就雪眠，大地白銀都蓋覆，德山無處下金鞭。欽曰：好個鐵牛也。因以為號」。

但是，在石霜的參禪團體中，二十年來學眾之中，有許多是「常坐不臥，屹若株杌」，這些人只在禪坐，從不睡下，就像枯樹根一樣，但是，當時雖罵這些人是枯木眾，也並不表示睡下才對，並不是說睡下才算是道。

玄沙看見死去的僧人，就對大眾說：「亡僧面前，正是觸目菩提，萬里神光頂後相，學者多溟涬其語」。又有一個偈子道：「萬里神光頂後相，沒頂之時何處望，事已成，意亦休，此個來蹤觸處周，智者撩著便提取，莫待須臾失卻頭」。這其中的道理，須仔細切實的參究，不能隨便草草，落入斷見或常見的不正確見解中。

至於禪門中的禪定，在《六祖壇經》，以及祖師們的語錄中，都曾談到過了，這裡不多引舉，只錄南泉的話，以作結束。

「據說十地菩薩，住『首楞嚴』三昧，得諸佛秘密法藏，自然得一切禪定解脫，神通妙用，至一切世界，普現色身，或示現成等正覺，轉大法輪，入涅槃；使無量入毛孔，演一句經，無量劫其義不盡；教化無量千億眾生，得無生忍，尚喚作所知愚，極微細所知愚，與道全乖。大難！大難！珍重」。

《金剛經》中說：「我所說法，如筏喻者；法尚應捨，何況非法」。前面所述的種種一切，讀者只當作夢中話聽好了。如果當作實法去瞭解，就把醍醐變成毒藥了，說的人無心，聽的人可就上當了。

跋

心地法門，單提直指，向上一路，密不通風。蓋直下即會，箭過新羅，豎拂擎拳，皆成話墮；惟離心意識參，絕聖凡路學，將一句無義味語，含裹識田，如金剛圈、栗棘蓬，吐吞不得，直饒到坐地斷，爆地折，方許少分相應。其或頂上聞雷，豁開正眼，澈底掀翻，失聲一笑，始知截流一句，不涉唇吻，堂堂歲月，空費草鞋。從此虛空為口，萬象為舌，燈籠露柱，晝夜常說，剎竿倒卻，處處逢渠矣。樂清南懷瑾先生，誕鄰玄覺之鄉，密契曹溪之要，具透關眼，現居士身，髫齡誓志，遍歷諸方，禪教道密，不捨一法，以道無內外，法泯中邊，語其究竟，靡不涵蓋，真為佛子，作丈夫事，橫流泛濫，僅覯斯人。所撰《禪海蠡測》一書，包孕群品，翕納眾流，百川雖殊，海水味一，於無說中，熾然有說，舉從上祖師緘封密固，不肯與人道破者，不惜拈出龜毛，顯透消息，洵可謂婆心片片，痛切肺肝者矣。此事如粉雪煤墨，毫釐千里，未明者個，皆在騎牛覓牛，直須毒手一擊，頓教伎倆都盡，然後太虛迸裂，千山獨露，經塵點劫，何曾暫離！寶茲妙藥，普癒痞聾，無米油糍，嘗者有分。以如是眼，讀如是書，作者苦心，庶不唐喪。

張無諍 謹跋

佛曆二五二〇年歲次乙未仲夏月

優婆塞菩薩戒弟子

禪海蠡測賸語

禪宗一門，為我國佛教中之一革新派，旨在傳佛心印。自釋迦牟尼傳大迦葉，遞至二十八代菩提達摩，東來震旦，是為此土初祖。復自二祖慧可遞傳至六祖惠能，宏開五葉，宗風大振。雖所提倡以「不立文字，直指人心，見性成佛」為宗旨，惟文字語言，亦未始非心傳方便法門；故達摩初亦曾用《楞伽經》四卷以印心。惠能於黃梅，剛道得「本來無一物」一偈，便得衣鉢，惟當授受之際，猶為說《金剛經》。其在曹溪弟子亦有《壇經》之記。厥後二派五宗，無不直指向上，皆令自求、自行、自悟、自解；然亦究不能無說，說不能無文。蓋借語傳心，因指見月，語言文字，有時亦不失為接引開示之方便也。

世謂禪宗為教外別傳，實則謂之別傳固可，謂之非別傳而為嫡傳亦可。

蓋真諦不二，以教證宗，以宗舉教，教實有言之宗，宗本無言之教。三藏十二部，默契之則皆宗；千七百公案，舉揚之則皆教。佛說法數十年，未嘗說得一字，以法尚應捨也。故究竟言之，教原未嘗有言，而宗亦未嘗無言也。天下同歸而殊途，百慮而一致。歸元無二路，方便有多門。能澈悟自心是聖，自心是佛，則觸著便了，更無餘事。天地與我同根，萬物與我一體，豈可因門庭施設，而分宗分教，儼然門戶崢嶸，自生差別哉！

南君懷瑾，頃以所著《禪海蠡測》書稿見寄。細讀之，深覺其超情離見，迥出格量。君雖深契禪宗，然不以話頭為實法，不以棒喝作家風；橫說豎說，語語由自性心田中流出，絕非如優人俳語者可比。其中治儒釋道各家之言，而綜諸一貫，會歸一旨，儻非能如大海之納百川者，曷克臻此？是書雖累十餘萬言，要亦祇道得一字。若會時，看固得，不看亦得；不會時，不看固不得，看亦不得。洛浦安答僧云：「一片白雲橫谷口，幾多飛鳥盡迷巢」。是佛固著不得，經典公案亦著不得。讀者於此書所示，一字一句，又豈能著得？「不離文字難為道，盡捨語言始是經」。讀者切勿泥於語句，墮入文字禪中，而宜獨超冥造乎語言文字之外，是為近之。否則依然陷在妄想知見網中，雖一輩子學佛，一輩子參禪，一輩子求道，騎驢覓驢，與自己本來面目，毫沒干涉，而終歸是凡夫。余昔贈靈巖寺僧傳西有句云：「不學佛時方成佛，非參禪處即參禪」，此與張拙見道偈之：「斷除煩惱重增病，趨向真如亦是邪」，及憨山大師所謂：「妄想興而涅槃現，煩惱起而佛道成」，其義一也。

余與懷瑾，論交十餘年矣。抗戰初起時，君甫逾弱冠。殫力墾殖，深入夷區，部勒戍卒，蠻烟瘴雨，躍馬邊陲，氣宇如王，高自期許。卒以囿於環境，單騎返蜀，復事鉛槧。曾述其經歷，著《西南夷區實錄》一書；則又恂恂儒者，非復向日馬上豪雄矣。無何，任教中央軍校，時余主持黨軍日報，每相與論天下事，壯懷激烈，慨然有澄清之志。惟以資稟超脫，不為物羈，故每嘗芒鞋竹杖，遍歷名山大川，友天下奇士，不知者輒目為癡狂，而君則恬然樂之。嘗曰：「鐘鼎山林，固皆夙願，苟頓脫可企，則視天下猶敝屣耳！」三十二年，余以嬰疾，藥爐禪榻，時益相親；曾與遍訪高僧，並同師事光厚老和尚。不期年，君辭軍校事，而致學於金陵大學研究院社會福利系。後又棄隱於青城之靈巖寺，霜楓紅葉，日伍禪流。旋從禪德袁煥仙居士遊，契入心要。嗣即不知蹤跡者久之。一日，忽有客自峨嵋來，始知閉關於中峰絕頂之大坪寺，西川舊好，相顧愕然！耆年如謝子厚、傅真吾，及君師袁煥仙等，相約入山訪之，始知由名僧普欽之介，悄然至峨嵋，初於龍門洞猴子坡等處，疊示靈異之迹，乃獲寄跡該寺。在此期中，並曾折服當時負有盛名之唯識學者王某。龍門寺僧演觀，曾記其事與對話，刊有專冊行世，不脛而走。龍泉在匣，光芒不掩，真性情人，行事大抵固如是也。

後三年，余宰灌縣，君飄然蒞止，美髯拂胸，衲衣杖策，神采奕奕。問從甚處來？答謂：「前從靈巖去，今自金頂回」。問：在峨嵋山何為？曰：「三年閉關，閱全藏竟」。復問其今後擬往何處？則曰：「到處不住到處住，處處無家處處家」。相視而失笑者久之。憩夏青城後，即遠遊康藏，窮探密宗之奧；行跡遍荒山絕巘，叢林古剎。行腳愈遠，所接大德高僧奇人異士亦愈眾，而迹亦愈晦。蓋所謂：「就萬行以彰一心，即塵勞而作佛事」者也。嗣聞其經康藏至昆明後，曾講學於雲南大學。折返錦城，並一度應川大哲學教授傅養恬之邀，講學於哲學研究會。斯時已聲光併耀，緇白聞風問道者絡繹。迨抗戰勝利後二年，君即返里省親，嗣復深隱於天竺靈隱山中，棲心玄祕。爾時，余適于役京畿，彼此不相聞問矣。

三十八年夏，余自滬來臺。一夕，君忽枉訪於臺北寓所，始悉其方有所營為。越明年，事與願違，忽爾晦跡，行藏莫卜者久矣。迄去冬，因某居士之約而復聚於海濱一陋巷中，破窗塵几，意趣蕭然；當力促以重親筆硯。初不謂然，幾勸始諾。曾未數月，遂成斯篇，都凡二十章，鈎元提要，探幽闡微，手眼別具，發前人之所未發。全書以禪宗為主眼，而融會眾流，歸趣大海，雖於從上各家之說，略有損益，要皆言必有宗，指歸至當。至若〈參話頭〉〈中陰身〉，及〈修定參禪法要〉諸篇，則皆古人穩密緘固不肯為人說破者，今皆不惜眉毛，金針巧度。雖小出作略，而其資益於真心向道者，寧為淺鮮？至其提持綱要，語不滯物，思泉坌湧，如山出雲，殆今日之廣陵散矣。余初識懷瑾，英年挺拔，跌宕磊落，前途正未可量；卒之鄙棄功名，參伍猿鶴，得以博覽法藏，獨契心源，返樸還淳，泥塗軒冕，所謂遊於方之外者非歟？

又君髫年曾習武技與方術，卒致力於佛法；深入禪教密各宗之堂奧。今後究將以何者為其歸止，則又未可逆測。其殆遊戲人間，應物無朕者耶！爰因其書成，略綴其生平行履一斑以附，庶讀其書者，亦得略知其人。余雖早歲皈命瞿曇，然放逸怠荒，憚於精進，似草野人，為廊廟語，門外之誚，寧能倖免？惟承命為校訂，於義不能無言，拉襍書之，亦自哂也。

蕭天石

中華民國四十四年六月於臺中草廬

南懷瑾文化出版相關著作

2014年出版

南師所講呼吸法門精要
劉雨虹／彙編

孟子與盡心篇
南懷瑾／講述

東拉西扯——說老人，說老師，說老話
劉雨虹／著

雲深不知處：南懷瑾先生辭世週年紀念
劉雨虹／編

禪海蠡測
南懷瑾／著

禪海蠡測語譯
南懷瑾／原著，劉雨虹／語譯

孟子與滕文公、告子
南懷瑾／講述

太極拳與靜坐
南懷瑾／講述

2015年出版

點燈的人：南懷瑾先生紀念集
東方出版社編輯群／編

金粟軒紀年詩
南懷瑾／原著，林曦／注釋

話說中庸
南懷瑾／著

孟子與萬章
南懷瑾／講述

2017年出版

瑜伽師地論 聲聞地講錄（上下）
南懷瑾／講述

靜坐修道與長生不老
南懷瑾／著

圓覺經略說
南懷瑾／講述

答問青壯年參禪者
南懷瑾／講述

說不盡的南懷瑾
查旭東／著

說南道北：說老人 說老師 說老話
劉雨虹／著

南懷瑾與楊管北
劉雨虹／編

禪、風水及其他
劉雨虹／著

如何修證佛法（上下）
南懷瑾／講述

藥師經的濟世觀
南懷瑾／講述

懷師之師：袁公煥仙先生誕辰百卅週年紀念
劉雨虹／編輯

我的故事我的詩
南懷瑾／講述

2016年出版

孟子與離婁
南懷瑾／講述

孟子與公孫丑
南懷瑾／講述

對日抗戰的點點滴滴
南懷瑾／口述

孟子旁通
南懷瑾／講述

大圓滿禪定休息簡說
南懷瑾／講述

我說參同契（上中下）
南懷瑾／講述

人生的起點和終站
南懷瑾／講述

孔子和他的弟子們
南懷瑾／講述

漫談中國文化：企管、國學、金融
南懷瑾／講述

跟著南師打禪七：一九七二年打七報告
劉雨虹／編

2018年出版

洞山指月
南懷瑾／講述

百年南師——紀念南懷瑾先生百年誕辰
劉雨虹／編

新舊教育的變與惑
南懷瑾／著

禪與生命的認知初講
南懷瑾／講述

易經繫傳別講（上下）
南懷瑾／講述

編印中

金剛經說甚麼（上下）

原本大學微言（上下）

花語滿天維摩說法（上下）

列子臆說（上中下）

易經雜說

皇極經世書

禪海蠡測語譯下冊

上下冊合售・建議售價・480元

作　　者・南懷瑾
語　　譯・劉雨虹
出版發行・南懷瑾文化事業有限公司
　　　　　網址：www.nhjce.com
代理經銷・白象文化事業有限公司
　　　　　412台中市大里區科技路1號8樓之2（台中軟體園區）
　　　　　出版專線：（04）2496-5995　　傳真：（04）2496-9901
　　　　　401台中市東區和平街228巷44號（經銷部）
　　　　　購書專線：（04）2220-8589　　傳真：（04）2220-8505
印　　刷・基盛印刷工場
版　　次・2014年9月初版一刷
　　　　　2018年8月二版一刷
　　　　　2022年3月二版二刷

設計編印　白象文化
www.ElephantWhite.com.tw
press.store@msa.hinet.net
總監：張輝潭　專案主編：林榮威

國家圖書館出版品預行編目資料

禪海蠡測語譯／南懷瑾著；劉雨虹語譯．－初版.－
臺北市：南懷瑾文化，2014.09
　面：　公分.
ISBN 978-986-90588-4-1（平裝）
1.禪宗
226.62　　103007322